書不盡言
言不盡意
自覺聖智
完成人格

辛卯冬 二○一一年
九四頑童
南懷瑾

廿一世纪初的前言后语（上册）

南怀瑾 著述

复旦大学出版社

出版说明

南怀瑾先生常谓：立国之本是文化。中华民族历经千年万载，文化渊远流长，在新世纪到来之初，世界瞬息万变，炎黄子孙又该何去何从？

本书为南怀瑾先生于廿一世纪初应各方邀请之讲课记录，内容涉及广泛，但终不离文化之根本；除凸显众所关心之话题，更望能唤起读者对文化教育之重视。

本书原由台湾老古文化事业公司出版。兹经版权方台湾老古文化事业公司授权，复旦大学出版社将老古公司二〇一二年五月版校订出版，以供研究。

复旦大学出版社
二〇一八年十一月

前言

在纷纷扰扰的世事中，我们迎来了二十一世纪。中国人有句古话，十年河东，十年河西，说明人事多变，环境多变，而最令人心惊的，是人心的多变。

南师怀瑾先生常谓：立国之本是文化。中华民族历经千年万载，文化源远流长，在新世纪到来之初，正值世界瞬息万变之际，炎黄子孙何去何从，不免令人茫然若失，徒呼奈何。

南师先于世纪之初，因感文化教育之重要，撰文自诉，即本书第一篇《中国文化教育的自诉》。文中，南师从远古夏商周说起，直到抗日战争时期。在几千年的历史长河中，一脉相承的中华民族文化、历史、教育、生活，以及与政治、经济交互影响所产生的演变，叙述清晰扼要，发人深省，令人有拨云见日之感。

后因南师又屡经各方邀请，遂随缘讲课，内容涉及广泛，但终不离文化之根本。现将各篇讲记整理，集结成册出版，一则凸显众所关心之话题，二则以飨长年热心的读者朋友。并盼大家为文化故，有志一同，则光明之前景，必定在望矣。

刘雨虹　记
二〇一二年四月于庙港

目 录

出版说明   1
前言   1

一、中国文化教育的自诉   1

第一章 漫说上下三千年   2

夏商周的教育学制   2
春秋战国的诸子百家   3
秦汉时代的学官与学术   3
魏晋南北朝的名士与学阀   4
北朝的文化与教育   5
隋唐开科取士的考试制度   6
唐宋时代考试策论   9
唐末五代到两宋   10
两宋的守文弱主   10
宋代的书院   12
宋代理学家们开了孔家店   13
两宋的儒林和文学   15
明清的四书和八股文   17
明清理学的道德禁锢   18
明清文化的演变   20
文艺复兴时的明朝   21

清代文化教育的剧变	22
第二章 新旧文化交替的代沟	25
民初三十年的文化教育	25
抗战时期的文化教育	28
抗战时期大后方的形势和人文	30
万众一心团结难	30
大计持平筹策难	32
人文荟萃的川蜀	35

二、漫谈教育　37

第一堂　38
　开场白　38
　千字文的学问　39
　立德　立功　立言　41
　家教与母教　43
　教育先要知性情　45
　先天禀赋　后天影响　46

第二堂　49
　教育要注重文学　49
　化民成俗的师道　51
　什么是意　志　精　神　53

第三堂　59
　办教育的人们　59
　　教导孩子感恩　59
　　品德问题　62
　教育以变化气质为目的　64
　师才难得　65
　旧教育的教法　67

三、对学生家长研修班讲话　　　　　　　69
第一堂　　　　　　　　　　　　　　　70
乱世出圣人　　　　　　　　　　　70
十六字心法　　　　　　　　　　　72
孔子一生的修养　　　　　　　　　74
大学提出的方法　　　　　　　　　77
第二堂　　　　　　　　　　　　　　　79
社会文化变乱的时代　　　　　　　79
让孩子能自立　　　　　　　　　　80
洒扫应对的生活教育　　　　　　　82
学佛应以佛为师　　　　　　　　　84

四、对学生家长讲话　　　　　　　　　　87
第一天　　　　　　　　　　　　　　　88
请注意两本书　　　　　　　　　　89
三纲——明德　亲民　至善　　　　90
八目——八个方向　　　　　　　　92
格物　知　定　　　　　　　　　　94
第二天　　　　　　　　　　　　　　　98
生死问题　　　　　　　　　　　　98
认清名称含义　　　　　　　　　　99
谁能掌握自己的生死　　　　　　　100
修行初步——诚意　正心　知止　　103
保持文化的女性　　　　　　　　　104
家庭教育的重要　　　　　　　　　105
达摩与格物之道　　　　　　　　　108

第三天 110
  生于忧患的我们　生于安乐的你们 111
  打坐念佛为什么 113
  有义语　无义语 115
  富兰克林十三条 117
  咒　语 119
  打坐切忌 119

五、对学校新生家长讲话 121
第一堂 122
  适才适性　人贵自立 123
  聪明难　糊涂亦难 124
  平安是福 127
第二堂 129
  办教育要牺牲自己 129
  孩子自有选择 131
  真正的教育精神 132
第三堂 136
  古代考试制度 137
  现代学店式的教育 138
  结合新旧教育的实验 140
  己立立人　自利利他 143

六、对学校教师讲话 145
第一讲 146
  人生以什么为目的 146
  学者效也 148

  经师易得 人师难求   150
  古代教育的目标   152
  教育是人性的问题   153
  罚或不罚 打与不打   155
 第二讲   158
  再谈人性问题   159
  再说性善性恶   160
  人之大欲何处来   162
  讲七情   163

七、对学校教师第二次讲话   167
 "学成文武艺"的目的   168
 教育无用论   169
 实验学校的宗旨   171
 活到老 做到老 学到老   172
 一个孩子的来信   173
 注意腰的力量   174

一
中国文化教育的自诉

第一章　漫说上下三千年

夏商周的教育学制

中国的文化与教育，在上古的夏、商、周三代，历史所记载其学制，有"夏曰校，殷曰序，周曰庠"的名称。但须知这三个学制的名称，并非如我们现代政府的教育官制，它只是代表聚集士子的教育中心而已，并兼有习射、养老的用途，没有像现在一样设立专办教育的经费，亦没有专管教育的学官。

因为在上古夏、商、周三代，做帝王的，做诸侯的，做官的士大夫们，都有身兼"作之君""作之师""作之亲"的任务标榜。此即古人所谓，为官即是为民父母而兼师保的内涵。

至于生员的来源，大家首先不要忘记我们上古的社会，是以农业为根本，以宗法（族姓）社会为中心。所谓受学的生员，是由农业社会的宗族中，从十人选一为士，进入官制的教育中，学习文事、文功的法制，所谓保国家而卫社稷，便称为"士"。

再由士而优而选拔为从政的大夫，便称为"仕"。因此，可仕者便出仕为官。"大夫"是上古时代官职的总称，故有上大夫、中大夫、下大夫的级别。

至于一般社会上的老百姓，统称庶人。要不要受教育，有没有读书，是各听自由，并非必须接受教育不可。

这种教育的风气和制度，直到周朝分封诸侯而建国，实行井田制度，建立了农业社会基础，也仍是如此。

春秋战国的诸子百家

但周朝中叶以后，尤其从春秋时代开始，民风渐变，井田公有制度也渐形衰敝，从士而仕的社会风气渐变，师道的尊严也渐形独立，于是便有民间自由讲学、私人传道授业的形式产生，其中影响最大的人物，就是大家称为万世师表的孔子。事实上，我们所知道春秋、战国百家之学的诸子，都是来自民间社会私人讲学所产生的自由分子，也即是古书上所推崇的特立独行之士，并且大多是"苟全性命于乱世，不求闻达于诸侯"的人物。你若不信，可冷静研究思考一番，便知道了。

春秋、战国这三四百年之间，在历史上称作乱世。姑且不谈历史的统一观点，更不论政权的一统，单从社会文化教育自然发展来说，实在是一个很值得好学深思的一代。

在这三四百年中各种各类的学术人才，值得我们师法者，实在太多。但人才都不是公家教育所培养的，他们都是来自民间，是私人自学而成的。这岂不是历史上的一大奇迹！

秦汉时代的学官与学术

到了秦朝，推翻周代的封建，废诸侯，建郡县，统一天下而建立一代的秦朝政权，所用的将、相、官、吏，也都是由民间自学成才的人士出任，上自丞相李斯，下至当时被坑杀的博士们。但也不要忘记，在我们的历史上，最初所置的博士的学位之官，是从战国末期开始的，齐、魏等国都设有博士官，使学识渊博者任之，作参政顾问。因之，秦统一天下后，继续设立博士官。后来汉武帝建立"五经博士"的官称，并非是他新创，只是因袭秦制而建立。

汉朝四百年来的帝王政权，以我们历史惯例的称呼，分为前汉的西汉，后汉的东汉。唯一特出的，是汉武帝开始，创建了中国特有的"选举"，就是选用人才的规范和标准。所以，汉代的"选举"（后世亦有称为"察举"或"荐举"），并非西方文化以及现代美国式的"选举"。

汉代"选举"的特式，是以人品道德行为，配合学术修养作标准，以所谓"诏举贤良方正，能直言极谏者"为目标。其初肇始于汉高祖时期，再次成形于汉文帝，定制于汉武帝。

由此而知两汉三四百年来的人才，皆非政府出资培养而成。在官制上，汉武帝开始设有"太学"，设"五经博士"为教师。但如周代的"辟廱""頖宫"，汉代的"太学"，只是教育贵族子弟的机构而已。真正两汉的人才，大家比较熟知的，如董仲舒、公孙弘等辈，也都是来自民间，从社会中自学成才者中选拔为国用。

汉初，在秦代"焚书坑儒"打击读书人、知识分子之后，遗民故老继起，以平生记忆背诵所学，重新口诵授徒，因此后世得以流传儒家十三经，以及诸子百家等书。

但因只靠记忆背诵口授遗文，难免有错，因此汉儒汉学兴起，以注重考注文字与解释言文的"考证"（亦称"考据"）为主，形成两汉学术特别注重小学（说文）、训诂（释义）的特征。

魏晋南北朝的名士与学阀

到了东汉末期，汉学与汉儒所形成的学术尊严与权威，已经迥然与社会政治遥相脱节。如孔融、郑康成、卢植等儒者，皆名重一时，但多无补于世变时艰。如仔细研究汉末及三国蜀、魏、吴史迹,就可知当时特别注重文学与谋略的曹操,在"建安"时期七八年间(公元二一〇至二一七年),完全不顾人品道德贤良方正之说,曾经三次颁布"唯才是举"的明朗爽快、极尽讽刺迂儒古板的妙文。因此而开启"建安七子"的一代文学风气,促使魏、晋阶段青年贵族子弟的思想开放,便有"王弼"注《老子》、"郭象"注《庄子》的玄学思潮等涌出。从此在我们的历史上,就有三百多年魏晋南北朝的分崩离析的局面出现。

在这一时期,南朝由东晋历宋(刘宋)、齐(萧齐)、梁(萧梁)、陈、隋二百七十余年,社会上的教育学风,统由宗法社会名门大族学阀所把持。平民社会中,即使有自学成才的人物,如果不依附于权门阀阅,始终难以出人头地。魏晋时期,由士族权门所建立的官制管理"九品中正制"的实行,便使此时在朝从政的读书士子,形成"上品无寒门,下品无世族"的讥刺与无奈。即如宋、齐、梁、陈几代的皇权帝制,也不敢轻视这些权门名士。

北朝的文化与教育

在东晋初期开始,史称为南北朝的两百余年期间,北朝五胡十六国的乱华局面,都是汉、魏以来少数归化的边陲民族们,为了争取汉化的称王称帝,争权夺利所引发的争霸战争。但对于中国文化,却衍变为一种非常特殊的现象,因为北朝十六国汉化的少数民族,其文化习惯、根源,都来自西域。

此时所谓的西域,指的是现在天山南北的新疆,以及阿富汗到伊拉克乃至远及印度等地区;这些地区当时都是盛行佛教。

因此,北朝十六国中,前秦的苻坚、后秦的姚兴,以及北魏的政权,都在大量引进佛教的佛学经典,集体翻译,与中华本土的儒、道两家参合对比。等于现在我们大量引进西方文明科学一样，是热闹无比的时代。因此，隋、唐开始，形成以儒、释、道三家为主流文化的局面，取代了自战国以来儒、墨、道三家为主的地位。

略举其例而言，如秦王苻坚派遣大将吕光率领大军去征服龟兹国，后秦王姚兴派兵攻打后凉，都只是为了迎接一位西域高僧鸠摩罗什东来。鲜卑拓跋族自建立北魏以来，与南朝的东晋并策中国天下，成为南北朝并存的局面。北魏大兴佛教，乃至僧众二百万，寺院三万余座。即今所谓的云冈石窟、龙门石窟、敦煌莫高窟、麦积山石窟、洛阳永宁寺等，多在此时所创始。但当时所有参与翻译的僧俗等人，亦皆为民间自学成才之士，并非任何政权机构所培养。

总之，南北朝两三百年间中国文化的衍变，可以说是继战国以来诸子百家之后，第二次学术人才的汇流。只是此时的社会人才，大多数是以探索追寻宗教哲学与生命的认知哲学为主，大抵都与现实政治疏离，浮华有余，却与现实社会难以融洽。

隋唐开科取士的考试制度

一个国家民族文化的根本精神，是显现在文学的基础上。从中国文学的演变来说，由春秋战国以后，直到两汉的文章，确有其古朴而简练的特色。

流变到魏、晋时代，由于曹操、曹丕父子文采风流的影响，加上建安七子的新文艺，直至南北朝隋、唐之间，演变为以词藻华丽、对仗工整的骈体文为主的学风。以致民间社会，以及政府机构的实用行文，只顾音韵柔和优美，内容令人大有不知所云之感。类似现代一些注重逻辑的堆砌性文章，读后只感层层重叠，道理的言说虽多，也有不知所云的感受。观今鉴古，不禁使人想到文化文学的演进，经常会出现扭曲的疲惫，这又是一种作为时代反映的畸形现象，实在值得深思反省。

所以，在唐高祖李渊开国初期，就首先下令写公文要明晓通畅，不可用骈体文字。再到唐太宗李世民当政阶段，就扩充隋朝考试选举雏形，一变为正式开科取士的考试制度，令民间自学成才之士，自发报名参加考试，得以进士出身为官从政。因此，在第一次实行考试之后，唐太宗站在上面看着考取进士的人们沾沾自喜，便开怀大笑说："天下英雄入吾彀中矣！"他知道民间社会自学成才之士，有了智识能力，如无出路，必会自谋出路，甚至不好驾驭，也许会造反；有了考试制度以后，可以猎获天下才子，一进入官场，便可减少因名利之心不能满足而引起的反动。"彀中"，便是射箭时，把弓弦拉满后整个射程目标的范畴。

由唐太宗的"天下英雄入吾彀中矣"这句话看来，深感唐初考试进士真是唐史上一件伟大的举措和好戏。但考试制度真能一网打尽天下的英雄吗？事实不然。唐代许多知名的成功人才，很多是不经考试，而靠推荐保用出身的。除此之外，因唐朝受宗法族姓观念的驱使，钦定老子李老君的道教为国教，同时，又对佛教教外别传的禅宗备加推崇，因此而使民间社会许多自学成才的高士们，产生一种跳出世网的观念。所谓"禄饵可以钓天下之中才，而不可以啖尝天下之豪杰；名航可以载天下之猥士，而不可以陆沉天下之英雄"。所以，唐代三百年间，出了许多隐士、"神仙"；禅宗"一花开五叶"的五个宗派中，更产生许多大德禅师，声名煊赫。又在考试制度之外，把丛林中参禅打坐的场地，取名为"选佛场"，俨然别开一格。这就是唐代文化教育别具风标的特色。

其实，唐代用考试开科取士之外，同时还并行推荐人才的办法，并非完全只有考试取士的一条路。例如，文起八代之衰的韩愈（昌黎），在他未成名之前，便到处写信，拜托前辈们的援引推荐。又如，传为千古佳话的白居易（乐天）晋身的故事，都是蜚声唐代文坛的事实。白居易在年轻未得意时，誊写了自己的作品到唐代首都的长安找门路。他去见当时文学辞章负有盛名的顾况。顾况看他很年轻，便说："长安居，大不易。"因为米珠薪桂啊！柴米的价格贵得像金子，不好生活啊！你这个年轻人，住在首都找出路，你能负担得了这里昂贵的生活费用吗？况且能不能有出路呢？讲完了，翻了翻白居易的作品，看到"离离原上草，一岁一枯荣。野火烧不尽，春风吹又生"，就说：哦！你行，可以住在长安了。白居易由于前辈顾况的褒扬推荐，因此而成名为一代名宦兼名士。在唐、宋时代，由这样自学成才而经人提拔推荐的故事，在历史上有不少的记载。由此可见，人贵自立的榜样很多。有志之士，千万不要被这些框框圈圈所限制，反而把自己的天才埋没了。

总之，千古事务，有一个永远不变的大原则，那就是"法久弊深"的道理。唐初所建立的考试取士制度，是在勾引民间社会自学成才的有识之士为国所用，就像是民间有女初长成，丽质天生，而被挑选入宫为用。但考试不能像选美，自幼童时一级一年考选试用啊！像我们现在流行的考试，是幼童入学前就要考试，入学之后，有月考、年考、毕业考、留学考、职业考，一考又一考，把一个好好的脑袋，一辈子放在考试上面烤到死。

再说进入学校之前，以考试来决定录不录取，那学校教育民间子弟又有什么意义？更何况考试成绩好的便可入"名校"，不好的只能入差等的学校，这岂不是教育体制自暴其短的掩耳盗铃吗？教育的目标，就是要教导改变无用者，使他变成有用，使愚者变成聪明，即古人所谓使"顽夫廉，懦夫立"的道理。我们应该反省深思，不能单以一法而埋没后来聪明才智的人才。

唐宋时代考试策论

唐、宋时代的考试，主要是由主考官出一个与时事政治有关，或对照古今有关于治国亲民等内容的题目，叫参加考试的士子们，发挥思想和意见。这种文章，叫作"策论"。策，是包括有谋略、有计划、有办法的意义；论，就是文字言语上针对主题的发挥，并无一定规格，更无一定框架。除"策论"的内容外，也考试士子们的文学词章，包括毛笔书写的字体。并非如明清后代只考"八股文"，切莫混为一谈。你只要多读传统古籍，就可明白，不要妄作聪明就瞎说一套。"八股文"是明朝以后开创的考试陋习。

现在的考试则完全不同，是依照规定的教科书，或加主考者的自我解释，先定标准，再出题问答，对和错是固定的，没有你自己的思想和发挥。这用之于自然科学的声、光、电、化等物理科学，是比较准确的，但以此而概括人文的通才学科，那就有很大的不合理之处了。

总之，现在学校的考试方式，主要在于猜题，不管什么叫学问与学识，只要会猜题，就对了。而且，猜题有时还如猜谜一样，靠运气。清人有对考八股文章取士的怨讽名句："销磨天下英雄气，八股文章台阁书"。所谓"台阁书"，是考试所规定使用的公文上的小正楷，不是什么大书法家的书法。那么，现在的考试，就是"销磨天下英雄气，意识框中猜对题"了，岂不更可叹而又可笑。

我曾碰到一个学生，学问并无长处，但她自小学读到外国留学的博士回来。我笑问她："你为什么那么厉害？"她说："老师啊！我根本不喜欢读书，可是我会猜题，所以每考必中，偏要把我送上读书的路上去,气死我了。其实,我读书是为父母家庭争面子,让社会上知道,我有学位。我看,读书考试,都靠运气,所以老师你讲曾国藩说靠运气是对的。"我听了,只有哑然失笑,为之首肯而已。

唐末五代到两宋

唐朝李家的帝制政权,在唐中期以后一百五十余年之间,先有北方"藩镇""节度使"等军阀的内乱,后有书生扮强盗的黄巢起兵,复有西南边疆与西北边疆归化的少数民族割据立国。首先是云南的"南诏国"(五代时变为"大理国"),接着全国被拥兵称霸者共分十三处,因此形成后梁(朱温)、后唐(李存勖)、后晋(石敬瑭)、后汉(刘知远)、后周(郭威)等史称为"残唐五代"的纷乱局面。北方归化的少数民族"契丹"便在此时乘势而起,形成后来与宋朝相对峙的辽、金、元时代。

在这一段的历史流程中,无论官府和社会,对于文化教育并无建树。整个的社会民生,只有忍受离乱、流亡、饥寒的痛苦而已。禅宗和仙道,深受人们敬信而昌盛;至于传统的治国、齐家、平天下的儒家学术,反而凋敝无力,几乎遭遇既不能救国、更不能自救的痛苦。唯一特别的,却有一两处开创石刻儒学的十三经经文,似乎以此表示对天下太平的渴望,以及对人道入世之学复兴的期待。继此之后出现的,便是有名的赵家三百年天下的宋代王朝了。

两宋的守文弱主

大家都知道,宋朝是文风鼎盛的一代,也是过去历史上最尊重文人、而且最尊重相权的一代。贫民出身的宰相，可以与帝王政权的君主相对论道。绝不像明朝的宰相，只能站着向皇帝禀告，甚之，还随时可能被和尚出身的朱皇帝在朝廷上当众打屁股。所谓明朝，真是一个三百年来缺少明君的一代。清朝的宰相，也是站着说话，那是学明朝的榜样。

但是，宋朝也和两晋一样，三百年来分为北宋和南宋两截，而且根本没有把当时的中国恢复为一统的江山。站在我们历史习惯的正统观念而言，不能统一全国且治国平天下的，几乎称不上正统，所以宋朝应该算是我们历史上第二个南北朝。

我们也都知道宋朝的天下，是由赵家兄弟（赵匡胤、赵匡义）二人，加上一个只读得"半部论语"便可治天下的同宗赵普，三人合谋，从"陈桥"兵变，黄袍加身，取天下于孤儿寡妇之手开始。赵家兄弟以职业军人而爱好读书，尤其是后来的宋太宗赵光义，在兵间马上十余年，手不释卷，说了一句"开卷有益"的千古名言，完全是一个书生扮强人的角色。

所谓"知兵者畏兵"，在兵变回军征服中原以后，赵匡胤便采用文人政治，纵观北宋一朝，北方的燕（北京）云（山西大同）十六州始终为"契丹"所有；西北的陕、甘一带，也被党项人的"大夏"占据；云南有"大理国"雄峙西南；辽东（东北）一带的事，根本就沾不了边。虽然如此，但此时在唐末到五代百余年间，正值生民凋敝、受苦太深之时，大家只希望暂得一个有道明君，安定天下，也就心安理得。何况赵匡胤又是一个由前方统帅而叛得天下的人，最怕掌兵权的同袍学样重来，因此就专重文治而放弃武功，建立起文人政治的一代特色，由文职的大臣指挥军政。后来如岳飞、韩世忠、辛弃疾等名将，不明白赵家天下这一祖传秘方，不是被处死，就是永被闲置一边，休想掌兵恢复中原。这等于是经商的公司老板，根本不想扩充发展，可是那些做职工的伙计们不明白，还拼命去开发业务、扩充地盘，岂不是大大触犯老板的忌讳吗？

宋代的书院

我们现在稍加说明两宋王朝情势，就比较容易了解，由于宋朝重文轻武的文化教育，才会产生许多名臣贤相，以及很多的词人骚客，将唐朝三百年文采风流的诗律规范，改变成为宋代的词章和理学。

宋代建国之初，仍依唐制，以考试取士网罗天下的人才。初期贤相如王曾、王旦，之后便是名相晏殊，他极力提拔穷苦孤儿自学成才的范仲淹，而且他与范仲淹二人又特别提倡平民办书院讲学的风气。因此先有孙复在泰山脚下开馆授徒，后有胡瑗讲学吴中，提倡师道。而民间讲学之风由此大开，直到南宋末代不衰。范仲淹影响所及，培养出来的名臣良相，有寇准、富弼、文彦博等。至于光耀宋明理学的五大儒——张载（横渠）、周敦颐（濂溪）、二程（程颢、程颐），以及南宋理学巨擘朱熹，这些史称关、洛、濂、闽诸大儒的理学家的发迹，也几乎都和范仲淹有关，与私人讲学的书院制度更是息息相连。

举例来说，大儒张横渠，青年时到西北边疆投军，见到范仲淹。范仲淹劝他应当好好读书，成才报国，并顺手抓了一本《大学》送给他。张横渠便拿着《大学》回来，后来成为一代名儒，并有四句声振千古的名言流传后世："为天地立心，为生民立命，为往圣继绝学，为万世开太平。"

范仲淹可算是千古读书人的好榜样。大家都读过他在《岳阳楼记》中的名句"先天下之忧而忧，后天下之乐而乐"，并且知道他是宋代事功显赫的人物，却不太知道他在中国文化教育史上的大功绩。但他不是"理学家",他是一个大儒、通儒,不可与"理学家"混为一谈。

宋代理学家们开了孔家店

我们为了浓缩叙述以往文化教育的历史演变,不敢牵涉太广,只以宋代兴起私人讲学的书院后,上述史称五大儒的理学家为代表,稍加了解他们所讲的孔、孟儒家之道,其中的量变和质变。理学家们所开设的"孔家店",贩卖的货色质量,与孔、孟老店的原来货品,大有不同。二十世纪初期,中国学运要打倒的"孔家店""吃人的礼教"等,大多数是那些理学家们加上去的弊病。当时打倒的风气暴发,一概将之归罪于"孔老二",实在有冤枉无辜之嫌。

简要地说,宋代理学家对传统儒学的解释,有些关键处,就好比欧洲中世纪天主教经院学派所解释的神学。但我说的好比,只是限于比方,千万不可因比方又节外生枝。这比方只是说,理学家们的儒学,是把孔、孟的学说变成经院化,变成宗教式的戒条化。更复杂的是,他们用理、气二元来解释"形而上道",又和人道的修为拉扯在一起。内容非常庞博而精彩,如果研究学术,也不可等闲视之。它之所以形成,影响两宋到明、清,且锢蔽了中国文化近千年之久,也并非偶然。将来有机会、有时间,另当专讲。你们如要了解大纲,必须读黄梨洲起始编著的《明儒学案》与《宋元学案》,还有禅宗的《景德传灯录》《指月录》。这四大巨著,其中大有可观之处,千万不要轻视。

那么,理学家们的学说是怎样产生的呢?这个问题很大,很重要。这就和隋唐以来禅宗与佛道两家的兴盛有关。理学家本是坚持中国本土文化的儒家,坚决反对五百余年来风靡社会各阶层的禅佛和道家。理学家们因袭唐代韩愈的《原道》和《师说》之意，又受李翱的《复性书》的启示，起而援禅入儒而再非禅，援道入儒而又摒道。但其所称理学的"理"，恰恰又是借用禅宗达摩祖师"理入"和"行入"的说法，再加上佛学的"理法界、事法界、事理无碍法界、事事无碍法界"而来。"理"就是道，就是禅。

孔、孟儒家之道，本来就有其胜于禅和道的内涵，不过是入世的，不是出世的。认为凡是离开人世现实而言禅和道，都非圣人之道。所以人人都可为尧、舜，人人都可成圣人。你只要读了宋、明儒的学案，就可窥其大概了。

在唐、宋时代，弟子们记载禅宗大师们的说法，叫作"语录"；因此理学家们便也有"语录"。禅宗大师们把个人学佛参禅而开悟的对话因缘叫"公案"；理学家们便把个人的学养心得和师生的对话叫作"学案"。禅宗修禅定做功夫的方式叫"修止""修观"或"修定""修慧"；理学家们则把修养主旨叫"主敬"或"存诚"。又如宋、明学案的巨著，更是仿照禅宗的集著的体裁，其用意是，你有酱油我有醋，你有醇醪我有酒，各家自有通人，谁也并不比谁低。但最重要的，是从中国文化发展史来讲，自宋儒"理学"兴起，也就是禅宗衰落的开始。这是中国学术演变史和中国哲学史上的大问题，在此暂且不谈。

但要知道，濂、洛、关、闽的儒家或理学，也是各有门庭设施的不同，并非一致，与唐末五代禅宗分为五家宗派的情况非常相似。而在宋朝当时，理学并不像元、明三四百年间那般，完全归于朱子（朱熹）的一家之言。例如，南宋理学的最大而有趣的问题，便是朱（熹）、陆（象山）的异同之争。朱熹主张"道问学"，陆象山却主张"尊德性"。换言之，朱熹的主张，相等于禅宗的"渐修"；陆象山的主张，相等于禅宗的"顿悟"。这也是中国哲学思想史上极具风味的一个地方。

两宋的儒林和文学

我们现在只是针对中国过去的教育经验,着重在父师之教和自学成才的重点,特别对宋儒的理学家们多做了一些说明。因为这与后来明、清六百年间以八股文考试取士的关系太大,需要大家明白。除此之外,两宋三百年来,所有自学成才而考取进士的名儒和大文学家,也是非常之多;他们并非都是理学家。如众所周知的北宋名相又兼文史学家的司马光,以及欧阳修、王安石、父子齐名的三苏、黄庭坚(山谷)等,文学词章都非等闲之辈。他们每个人的身世历史,每个都有一部好小说可写,非常热闹。

但宋代在文学词章方面,何以又与唐代风格迥然不同呢?这就是我在前面所提立国体制的原因所在了。

宋初立国开始,建都在丰腴之地的汴梁(开封),基本上没有成功北伐,与漠北天南的开阔风光,了不相关,所以在文学境界上,就远不及汉、唐的辽阔。而在政治经济上,只凭长期给敌国"岁币、岁帛"贿赂外敌而图苟安。两三百年来,好像是为北朝的辽、金、元充当经济资源的补给站一样。宋真宗赵恒在澶渊之役中急于议和,甚至说:"必不得已,虽百万亦可。"身在敌前的宰相寇准极力反对,私自秘密召见议和专使曹利用说:"虽有敕旨,汝所许过三十万,吾斩汝矣。"最后,曹利用以银十万两、绢二十万匹签约而归。如此这般,朝廷文弱可悲。但正好碰上社会人心思安的时候,也便可称为一时的盛世了。例如欧阳修的两句诗说:"万马不嘶听号令,诸蕃无事着耕耘。"读此真令人掩卷深思而不禁长叹了!

所以,宋代的诗词文学大多饱含天下承平的田园风味,乡村的气息非常浓厚。最有名的是名臣杨亿等人，因喜爱唐人李商隐诗的风流蕴藉，而开创了"西昆体"的诗格。后来又有富于山林风味的"九僧"的禅诗，也突显了宋代承平文学的特点。南渡以后的宋朝，有名的诗人范成大和陆放翁，同样充分展现田园的风味。由西昆体而衍变为依声谱曲的长短句，就出现宋代的词学风格了。

除此之外，到了南宋，也出了不少提倡实用学派的人才，甚至也有人公然反对俨然标榜圣学的理学；他们和朱熹虽然也是朋友，但学术的观点和意见截然不同，如史称为金华学派的吕祖谦（东莱）、陈亮（同甫)，永嘉学派的叶适（水心）等。可是，却唯独一生机遇特殊的朱熹，其所注的"四书句解"，竟然成为明、清两代六百年"八股文"取士的固定意识形态，岂不是古今得未曾有之奇吗？

研究两宋时代的文化教育问题，特别不要忘掉同时要研究辽、金、元史，因为这时等于中国历史上第二个南北朝。在这三百年间，北方的辽、金、元，也同样传承中国儒、释、道三家等的文化教育，只是在帝制的政权体制上有别而已。辽、金、元和南北朝时代的北魏一样，比较崇尚佛教，但在中国整体文化来说，入世治国之道，他们仍然是注重儒家传统的。

北宋后期到南宋之间理学的兴起，在北方的儒者却认为这如同儒学的怪胎，或是儒学的骈拇枝指。例如，北方的名儒李屏山，便著有《鸣道集说》，中和融会儒、释、道三家的观念而兼驳理学家的说法。至于在金、元期间，禅宗曹洞传法的高僧万松行秀，以出类拔萃的声望而望重士林，终于振兴嵩山少林寺的禅风。金、元之间的名士如元遗山、耶律楚材等，都是他的入室弟子。尤其在中国的医学史上，继唐代孙思邈的高风，到了金、元之际，出了四位名医，其著作流传千古，至今仍具有医学上不衰的权威。也可说金、元时代，北方出了几位对生命科学贡献卓越的医药科学家，那就是河间刘完素、张子和、李东垣，以及浙江义乌的朱丹溪，他们皆不同于南方的名儒理学家们高谈性命之说、坐论理气二元却不切实际的作风。

明清的四书和八股文

中国文化学术史上最为遗憾的事，就是自明初朱元璋立国以后，到后来明、清两朝近六百年间，采用宋儒理学家朱熹注解的四书作为考试取士标准的思想意识形态；又将士子考试所用的文章体裁规定为八股形式。我们为了浓缩专题来讲，朱熹注解四书的是非、好坏、对错，牵涉汉唐以来许多经学范围，事属专精而广泛，真是一言难尽，姑置之勿论。

至于至今成为大家口头语的"八股文"，其内容又究竟是什么呢？

大概来讲，所谓八股文，是根据朱熹注解的四书，任随主考官的意思，取它一两句书的内容，定出一个题目；密封以后，由进考场的士子们拆开。士子们则根据自己所知四书中这个题目的内容，以及朱熹所注解的意义，自行发挥。首先对本题有个固定的规格，那就是先要"承题"，再来"破题"。然后全篇文章，要有一定的"起、承、转、合"。而在"起、承、转、合"的每一段、每一节，又须有正反相对称的文字韵律，可以朗朗上口，读来既有内容，又有音节。

我在年少的时候读书，虽然已经废除科举，不考八股文了，但我很好奇，想尽办法找了几篇八股文来看。读后，虽然认为废除八股文是对的，但也觉得它的规格内容不可随便鄙视。我很顽皮，有时候自当主考，出个八股文的题目考大家，题目是"何谓里美？"我又自作考生自诵承题而又破题曰："子曰：'里仁为美。'里岂有其美者乎？盖美不在人，而但有仁而已。仁其美乎？仁不自美，而在人之所为而美，故成其美。"读了，大家大笑。笑完了，又故意用白话作错误的承题说："邻里有美人吗？不知道真有美的，或是丑的。美的自然美，丑的当然丑。美的、丑的，配在一起，那不是邻里中美丑都有了吗？"大家又大笑。

试想在明、清两代，是由这样的八股文来考取秀才、举人、进士的三级考，你看，这考取的是一个什么样的才子？可想而知，在这近六百年间的文人、学者、才子，有几个肯在他的文集中刻上自己当年在考试中书写的八股文章啊！

过去有个笑话，一个考取举人的士子，到朋友家里去，看到朋友在读《史记》，他就问，你怎么有空读闲书？朋友对他说：这是司马迁的历史书名著。他听了又问："司马迁是哪一科的进士啊？"

这便相同于现在进学校读书的青年，在一级一级的考试通过以后，谁又会因反复回忆自己当时所答的考试题目而得意呢？为了应付考试，在强烈的电灯光下读坏了眼睛，拿张文凭作进门钥匙而来找工作，学非所用，用非所长，这岂不又是一番新八股的大讽刺吗？

可是明、清间许多名士大臣，例如明代的王守仁（阳明）、张居正，清代的曾国藩、左宗棠、张之洞、翁同龢，最后的状元张謇等人，都不是由明、清两代的官学国子监出身，他们当初都是由家塾或书院自学成才，再随俗走八股考试的功名路线而来。这也就是明、清两代传统所说的"十年窗下无人问，一旦成名天下知"的自我苦读而成名的例证。

明清理学的道德禁锢

明朝的文化教育，在于注重理学家的儒学；而理学家的儒学观点，切守迂疏固执的礼节教条。大如宗教家的戒律，例如教导提倡妇女守贞节，便使还未婚嫁的女孩都要望门守寡，争取死后立个贞节牌坊。到现在你只要看贞节牌坊最多的地方，就可见到当地理学家教育的威望了。

至于一般读书人，要想去考科举功名的，必须要严加敦品励行；切信功名的考取与否，同人生行为的因果有密切相关。所以从小读书开始，必须每天要有功过格。做了一件坏事，动了一点坏心眼，要在圈内点一点黑。做了一件好事，点一点红。每天要考察自己的起心动念，并且要熟读《太上感应篇》和《阴骘文》。

以我来说，从小就受家教影响，对于这些可谓耳熟能详。例如，"救蚁中状元之选，埋蛇享宰相之荣"的话，就听得太多了。孙叔敖看见两头蛇会害人，就杀了它埋掉，他因做了这件好事，后来做了宰相。另有一个读书人，看到天雨冲塌蚂蚁窠，动了恻隐之心，就把全窠蚂蚁救了。后来他考进士，在文章里写到"主"字，少了一点。主考官看他文章很好，但错了一个太重要的字，皇上的主字少了一点，所以不敢录取。但又舍不得丢了好文，再一看，"主"上又有那一点。他怀疑自己夜里看卷子眼花了，再仔细一看，原来是只蚂蚁。主考官明白了，这个人一定做好事积了德，就悄悄提笔加上一点，那是主考官犯法的举动，但他做了。此人考取进士后，见面一问，果然不出所料。像这些故事也听得很多。又有说，考试的时候，也会有鬼来报仇的。如果你奸污了妇女或遗弃了情人，她死了，就会到考棚来使你头昏脑涨考不成，或者把你弄死。

还有传说，宋代欧阳修主持考试时，夜里在蜡烛灯下看考卷，总觉得左手边上有一个穿红袍子的人影站在那里。他每选定一卷，那个影子点了一下头，那就对了。有的他选取了，那个影子不点头，他就再三详审，终于不敢录取。所以他说："文章千古无凭据,但愿朱衣暗点头。"这是欧阳修真的故事吗?不知道,相传如此而已。

明清文化的演变

明朝三百年来的政权,虽然是在这种禁锢式的理学文化教育中,但朝廷的权力从头到尾始终离不开那些不男不女的太监们当权的范围。甚之,在万历时期,废除天下书院为公廨,而且为了皇室的子嗣之争,下放禅宗的和尚憨山(德清)到广东,引进天主教神父利玛窦。终于形成儒学的东林党和太监们互相争权的斗争,导致满族入关而明亡于清。这岂不是中国历史上更大的讽刺!

我常说中国历代帝制政权很有趣。在汉代的皇帝,是与外戚女祸(后妃娘家的亲属)共天下。在魏晋的皇帝,是与权臣、学阀共天下。唐代,是与藩镇(地区军阀)、女祸、太监一起共天下。宋代,是与贿赂敌国共天下。明代,是与太监共天下。只有清朝的初期比较稳妥,没有外戚(女祸)、藩镇、太监的跋扈,但却误于只抓小辫子、马蹄袖的八旗子弟,令关外东三省和八旗子弟只准习武,严禁汉化,认为以此即可镇守四方,但不知因此反而使东北的文化教育落后迟延。故而清代近三百年的文治,自上到下,都与绍兴师爷共天下。这些也正是中国文化教育史上的重要事实。清代三百年来作官府幕宾的师爷,是考不取功名,或不愿考功名的读书人,但也都是由家塾或书院自学成才之士,并非从国子监的官学出身,而且多是律法专家。

你不要认为这些历史都已成为过去了。人,毕竟是人,人的聪明智慧毕竟不会太过高明的,此中有深意,欲说已忘言了!而且最可怪的,英雄们打下了江山,征服了天下,便说自己是"顺天应人"而称帝称王。但古今中外所有的英雄,几乎必然被英雌——女人们所收拾,非常明显。近代史上,眼见爱新觉罗的一族,在三百年前由孤儿寡妇入关,建立大清十三代的王朝;最终仍由寡妇领着孤儿,收拾细软出关了事。

文艺复兴时的明朝

明朝中叶,在"正德""嘉靖""隆庆""万历"这四个年号的一百年间,正是公元十六世纪的阶段,欧洲文艺复兴运动开始,由此而改变了西洋文明,而使人类历史渐次进入世界性全球化。其实中国的文化教育史,在这个阶段的宋、明理学,也有所改变,影响最大的,就是王阳明一派学说的兴起,甚至正式涵盖了禅宗和道家的风气而使之衰落。因此,就有李贽(卓吾)及袁中郎三兄弟"公安派"文学的崛起,意在反击王阳明等学派的猖狂。当时有人嘲笑明朝末期的理学家们,有"圣人满街走,贤人多于狗"之讥。至于阳明学说的是非、高下,事属专题,而且比较复杂,姑置不论。但我们需要知道,阳明学说的"知行合一"、即知即行的说法,在他过世二百年后,却被东方日本维新派完全接受,因此开启了日本明治维新的一代。甚而反转影响了我们推翻清朝的革命思潮,一直到公元一九五〇年左右。

还有最重要的,就是明代自学成才的民间学者,继元朝的唱曲说戏之后,将文学形式扩展为章回小说的写作,若有意若无意地抗拒理学的禁锢。例如《三国演义》《水浒传》《西游记》《封神榜》《列国志传》《金瓶梅》《三言二拍》等小说,成为明朝一代文艺运动的代表,足以与汉文、唐诗、元曲、宋词等时代特色文学一脉相承。

清代文化教育的剧变

满族入关以后建立了清朝，一切文化教育制度，全盘因袭承接明代，仍然用朱注四书、考八股文等。但自康熙、雍正、乾隆三代一百余年间，学者的风气却大有转变，汉儒重拾对经学（四书五经）的考证功夫；所以在清代两三百年间，另有对儒家十三经的各家考据大作出现。这表示对朱注的积极反省。但又妥协宋、明理学，而冠为义理之学。至于文学诗、词，在康熙、乾隆之间的一百年来又别成一格，与唐宋诗词，各有千秋。这便是清代文化上的"考据""义理""词章"三大特点。但在乾隆、嘉庆之后，也便渐形衰落，唯有"考据"一门，仍与现代的"考古"衔接而已。我们要知道，在清代入关后的三百余年中，也正是欧洲文艺复兴，西方文明席卷全球的时期。接着，便是咸（丰）同（治）开始中国文化教育演变和现在的关联了。

清朝两百八十余年的帝制政权，对中国本身而言，大概可分为两个阶段。前阶段鼎盛时期，是康熙、雍正的阶段，雍正十一年（公元一七三三年）特别颁发谕旨，提倡各省设立书院，此后雍正在位期间，中国的书院就从明朝的两千多所，迅速发展到三千多所。雍正之后到乾隆的末年，无论文治武功，也都颇有胜场。因此，乾隆晚年得意忘形自称为"十全老人"。其实，真正衰败的原因，早在他的晚期便已埋下根柢。所以嘉庆接位以后，就开始形成衰落。况且当时的中国，上自清廷，下及全民老百姓，完全不知天下在中国以外，还有《易经》所说"地火明夷"许多外夷的天下，并且它们分分合合断断续续，又连接在一起而有其不同的文明存在。因此由嘉庆、道光到咸丰，初有鸦片战争，继有英法联军火烧圆明园等外侮，内有"太平天国"的内患。种种等等，都属于中国近代史的事故，大家很明白，不必多加述说。我们现在所讲的，只限于文化教育的专题。总的来说，从咸丰到同治时期，无论从我们中国人的立场来讲，或从清廷政权来讲，经过上述这许多的内忧外患，便如"游园惊梦"般大梦初醒，自己的文化教育必须转变方向了。

因此在同治元年（公元一八六二年）设立"同文馆"，准备有计划地翻译洋书，几经转折而到现在，还始终不见如南北朝时期姚兴为鸠摩罗什法师开设逍遥园译场，或如唐太宗为玄奘法师成立译经院的百分之一的成就。接着又在同治十一年（公元一八七二年）开始，派"出洋留学生"。光绪廿一年（公元一八九五年），康有为在北京、上海设立了半公半私的"强学会"，由张之洞出资支持。光绪廿三年（公元一八九七年），湖南乡绅王先谦在长沙倡设"时务学堂"，由梁启超主讲。光绪廿四年（公元一八九八年）设经济特科。但需注意，这个所谓经济，不是现在学科所讲有关财政金融等的经济学。清廷官办的经济特科，是要考选对时局能振衰起弊，有经纶济世、安邦定国才能的经济之士。同时，又开办京师大学堂，也就是现在北京大学的前身。

光绪三十一年（公元一九〇五年），停止全国科举，不再用八股文来选天下人才了。政府设立"学部"，兴办学校，这也就是清末民初教育部的前身。清廷与民间，对于改革文化教育这一连串的举动，好像还在写剧本，尚未正式排演出场，不料时势急转直下，到了宣统就退位下台。

公元一九一一年，推翻清朝的革命成功，同时也取消了几千年来的帝王专制政体，来年改宣统三年为中华民国元年，称国家的元首为总统。当时有人对"民国"和"总统"的名称非常反感，写了一副对联，上联说："民犹是也，国犹是也，何分南北。"下联说："总而言之，统而言之，不是东西。"极尽讽刺的能事。

接着就有一九一九年的新文化运动了（一般习惯称为五四运动），号召全国只要民主和科学，打倒旧礼教，打倒孔家店，废除文言文，倡导白话文。

同年，又请来主张教育实用主义的美国教育专家杜威教授，在北京大学讲学，并在各地演讲，风靡一时而影响直到现在。其实，教育之目的，当然就是学以致用。如果只是为找工作谋生，或是看社会、政府需要哪一种专才，然后才办教育来造就那一种实用的人才，那是属于专业教育或技能教育的范围。假使整体文化教育的目标和范围，都跟着这种观念走，其流弊和差错就非同小可了。我们应当深思反省。

第二章　新旧文化交替的代沟

民初三十年的文化教育

如要研究我们国家民族在二十世纪这百年来文化教育的问题，就需了解推翻清朝而称共和民国到今年，还只九十五年；从五四新文化运动到今年，还只八十八年。如果按照传统古老的观念，以十二年为一小变数，称之为纪；以三十年为一大变数，称之为世。那么，在这九十余年间，小变八纪，大变有三世而已。

借用这个数字来说民国以来文化教育的衍变。我们必须要知道，由一九一二年（民国元年），到一九三六年（民国二十五年）这一阶段，国内正处在军阀割据、互争权力的内乱时期。无论在地方或中央，除了少数留洋（多数留日）回国的革命党人之外，大体上仍是前清遗老，或是趁机而起的投机分子。这个时期在上位的当权执政者，都是清末民初的军事学校出身的人士。领兵割据的，百分之八十都是北洋系所办"保定军校"的学生，极其少数是留学日本士官学校的人。至于下级军官，大半是在清末民初各省所办的初级军士学校出身；各省名称不一，有称为讲武堂的，有称为武备学堂的，也有称为陆军小学的，甚至还有在军队中自办的弁目学堂等。大家试想，在这样的局势中，只有古语可以形容它的大概了，那就是"豺狼当道，安问狐狸"。

而且当时正如孙中山先生所说的"民智未开"，教育更不普及。初期在北洋政府时代的一二任教育总长，和后来改称的教育部长，也正陷入政治斗争的漩涡中，几曾有暇为国家民族的教育定出百年大计而精思擘划呢！即使有心，亦无先知远见，谁知半个世纪后的天下变化大势啊！

当时全国只有一个著名大学，就是由清廷的京师大学堂改制的北京大学。各地的公私立中小学还正在萌芽。唯一受人注视的，就是新办的法政学校与北京师范学校；因为法官和教师，不可能由军人完全包办。除此之外，各省各地也有少数民办师范学校和高等小学，其目的，都是先以普及教育最为重要。至于其他各地的地方首长，先有称为督军的，后有称为省长的，也有从清末举人或秀才出身的书生扮军阀的，都不少见。各级政府机构中的公务员，如果是提过考篮、中过秀才的，那就视为特殊人才了。少数新毕业的大学生或留洋回国的学生，也只好在军阀的帐下，依草附木存身而已。

凡此等等，都是我童年耳濡目染非常深刻的印象。所以我亦自少要习武，要进军校，意在纵横天下，据地称雄；同时也想研究政治和法律，以求治平。到了国民军北伐的时期，有一位举人出身的老师还对我说：什么军事北伐，那是虚晃一枪，没有用的。其实啊！军事北伐是空言，政治南伐是事实。我就问什么是政治南伐？他说，你还年轻，你看到吗，他们抢到了天下，懂得什么民政啊！所谓刑名（即法治的刑律和民法），所谓钱谷（即经济、会计、统计），他们懂吗？还不是靠一班清末遗老来办公撑场面啊！你们年轻，骂清朝贪污、腐败、割地求和、丧师失土。我看啊！照这样下去，将来的这些情形，比现在还严重。所以我告诉你，这便是政治南伐。这一番话，真把我当时听呆了，心里念着古文："其然乎！其不然乎！"我的天哪，中国的苦难还有多久才完啊！

到了民国十三年（一九二四年），外患内乱，还正在纷纷扰扰之中。孙中山先生和革命党人等，鉴于中国过去历史上非武功不足以统一的经历,正如杜甫诗所谓:"风尘三尺剑,社稷一戎衣。"便在他到北京之先,在广州创办了"黄埔军校",欲以现代崭新的军事教育,收拾北洋旧军阀们的恶势力。稍后,在文治思想方面,又开办了以三民主义为中心的国民党党校,以配合随军北伐的政治工作。但以当时交通和信息的困难,又加上旧社会"好铁不打钉,好男不当兵"的老观念,全国青年,要艰难到达广州进入这两所革命大本营的学校,实在很不容易。尤其家族中人深怕子弟到广州参加革命,那是杀头的事,多半阻止不前。所以对第一、二、三期的黄埔同学而言,谁也没料在一二十年后,就跻身独当一面的方面大员,资兼党政军三合一的文武重任,更借此而接替了保定一系老一辈的权力,岂非异数。

讲到这里,我也情不自禁提前插进一桩有关"黄埔军校"史料的一件事。时在一九八四年秋天,当时我情不得已,正值要离开台湾赴美国的前夕,"黄埔军校"第一期的资深同学萧赞育(化之)兄(湖南邵阳人),特别约我和他两人在台北一个咖啡厅见面,他对我说:"时事到了这个时候,我有一件重要的心事,要想请你帮忙代办了。"

他说:黄埔同学有一笔经费,由我保管到现在,我也年纪大了,又不能随便交托给人,大家正想编著一部黄埔同学的史实,我再三思维,只有你才能担当此任。我想把这一笔经费和这个任务,交托给你办。我听了便说:此事最好由令弟萧天石兄来做(他是黄埔第八期的同学,也是我的好友)。他便举手阻止我说:"君才……"我听到这里,也立即举手阻止他说:"我知道你在引用刘备在白帝城对诸葛亮说的话:'君才十倍曹丕。'请你不要再说下去。一、我如答应了你,此事不是一年半载可以完成,我实在力不从心。二、第一期的前辈同学,还有几位在台湾,也许另有想法。三、我再直截了当地说,此事叫我下笔很难,因为修史要直言无隐。你知道宋儒张南轩,是南宋名将张浚的儿子,宋史上的张浚传,是和他主笔有关。但张浚对处理岳飞的事很有意见,因此古人说'为有南轩下笔难'。黄埔先后期的长官、教官、同学那么多,是非功罪,各有千秋。这个任务,我实在不能接受。"

最后,我告诉他,我也正要出走番邦以避地了。他听了我最后一句,目瞪口呆,几乎有泫然欲泪的样子。我也为之动容而深感难过。他是一个笑不露齿、木讷寡言的诚笃君子,他和邓文仪等素来担任政治工作有年,到台湾以后,他从中将转任立法委员。而且他受过校长的训斥,曾经命令他到马一浮先生的"复性书院"去进修一段时间。而我与马先生又是师友之间的交情。所以当时临别握手,彼此极其依依。这件个人的小故事,好像和本题无关,其实,"道是无关却有关",亦不必细说了。

抗战时期的文化教育

换言之,在民初到抗日战争开始的三十年间,我们的文化教育,正如孙中山先生所说的,还在"军政时期"。他那时所说的"民智未开",是说国人文盲太多,对于民权和民主,实在还没有个人自主的思辨能力,故要先求军政的统一,所以叫"军政时期"。同时,要积极提倡教育的普及,使大家明白真正的民主是什么,这便叫作"训政时期"。所以在这个阶段,随军所在的政治工作,也就到处办"民众识字班",张贴大字的"壁报",借此以开发民智,以补公私立学校教育的不足。这种"壁报",也就是后来诸位所讲的"大字报"的前身,有民间文艺,有民意言论等等。当然,我所说这一时期,也有人叫它是大革命时期,是两党合作阶段的先后期,各地所谓"农会""工会""妇女会"等的成立,"地方自治""乡村自治"等的宣传推广,都在这个时期。

在这同一时期，外侮"蚕食"的侵略，与清末差不多，压力甚大。列强敌国的日本，随时都在施展"鲸吞"的外交手段，并非只求"蚕食"了。在这种时局情势之下，整个国家民族都处在寝食难安的状态中，异常紊乱，所以对于全民的文化教育，可想而知就更无余力能及了。祸患随之而来的三十年中，又有两党分裂，两党中党内有党，党内又各自有派系，而且党内党外知识分子的思想分歧，外来的学说和传统固执的意识，也随之莫衷一是，紊乱如麻。

这时正反两派，口诛笔伐的地盘，大多在上海一隅和香港，这两地几乎足以代表了全国。因为上海还有英法等外国租界的"治外法权"，香港还是英国的租借地，可以借此以避祸害。所以在民初三十年间，一切正反派的言论报刊，都以上海、香港为革命或反革命的温室基地。

接着便是"九一八事变""七七事变"的发生，对日抗战的战火点燃了，终于迫使国民政府撤到大后方的重庆，将全国分为十二个战区，全民奋起而抗日。

这些现代史的事故，我想大家并不陌生，但细说其详，也非易事。至于这十二个战区的司令将官，大多仍是如前面所说，是"保定军校"出身的人物。因为人生际遇的不同，后来多位都与我有友生之间的关系。所以其中的得失是非，颇难细说了。

抗战期中，无论普通大学或中小学，除了在沦陷区之外，大部分的学校成员都变为随政府迁移到大后方的流亡师生。有的或转入"战干团"等进行各种战时军训教育，名称不一。这种流徙播迁文化教育的情形史无前例，我也几乎是亲身经历并目睹耳闻。

例如大学方面，在西南的，就成立了西南联大；在西北的，就成立了西北联大；在四川成都华西坝和望江楼的，便有"金陵大学""齐鲁大学""朝阳大学"等；在四川本土的，如"四川大学""华西大学"等。全国的老少菁英聚集，也可算是济济一堂，际遇特殊了。

至于在东南、西北各地，以及全国的中小学生，随学校流亡迁移，寸步维艰而到战地后方继续求学，那一幕幕的景象，一点一滴的艰辛血泪，也是史无前例地说之不尽、知之难详。

那些学生在流亡途中，自身背着书包、小板凳，随地上学，他们用的课本，虽然纸张不像纸张，装订不像装订，却又是哪里来的？这就使我要讲后来在台北街上摆地摊出租武侠小说的一位朋友宋今人。他在战时，担任"正中书局"的重要人物，负责出版中小学教科书。当时战地的课本，虽然是粗制滥造，但他眼见青少年的爱国壮志，为了职责所在，他尽了无米之炊的最大供给能力了。所以我很佩服他，也为大家所不知而感激他。他到了台北，不向任何机构报到，不去求人，自己把随身所带最喜欢看的武侠小说摆地摊出租，维持最低生活。同时又发动同好写武侠小说，后来他就成为出版武侠小说的老祖师，这便是我给他的封号。因此我也戏笑他们为凭空捏造、乱了中国武侠文化的罪人。他们答复我说："那大多是从你著作佛道两门的书中所启发的，我们对武术一无所知，只好写左手打右手，捏造从无到有的武功啊！"

为了保存文化，我把手边仅有的梁漱溟先生的《印度哲学概论》，叫他翻印出来，以免绝版。我们两人还笑说，把梁先生的大作，交给出武侠小说的"真善美出版社"来印行，也是大变乱中的奇事。因为我怕前辈者的心血，就此丧失在乱离之中，未免罪过。

抗战时期大后方的形势和人文

万众一心团结难

我们所谓对日圣战的"八年抗战"，正是前面所说民国成立的三十年阶段，也就是公元二十世纪初期一九三七年到一九四五年之间。

四川，古称"天府之国"，从来便是中国的一个大省，共有一百多个县份。其实，四川有东川、西川的界别。成都是西蜀四川的首府，也是省会；重庆，是川东的重镇。可是从民国建立到抗战兴起，全国还在国民革命军北伐的内乱初定时期，无暇西顾。而在四川境内这二三十年中，各派系的军阀，拥兵自重而互争地盘，如同全国缩小型的内乱。谚语相传有"天下未乱蜀先乱，天下已治蜀后治"之说。我在一九三六年的初冬到重庆，一九三七年的春天到成都，随时可以看到沿途的饿殍。据当地的朋友告诉我，地方军阀们已经预行征收全省的苛捐杂税到民国一百年了。秀丽雄伟的山川，对照一副悲切切民不聊生的情景，当场的心境，只有无语问苍天。

当国民政府被迫西迁武汉，再迁重庆，作为抗战的根据地，在文宣的名义上，便称重庆为"陪都"，这是中国文化正统观念特定的用语。

可是进四川，到重庆，就这么容易吗？不然！当时整个四川，由大军阀吞并了小军阀而存在的军头，还有好几个。名义上接受中央节制而任省长的是刘湘，在川边新建省的西康省长是刘文辉。其他如邓锡侯、潘文华等，都不甘心听命于刘湘，更不诚心臣服于中央。川东的重庆，则是老军头杨森的地盘。当时为了国家对日抗战，要杨森让位做抗日根据地，虽亦经过一番周折，但他毕竟深明大义，可以说是川军将领中值得赞许的人物了。因此，你就可想而知，在这八年抗战的时期，要粮、要钱、要兵，如四川这班老军阀们，真肯甘心输诚吗？

抗战时期，四川重庆的内幕是如此。那么，其他各地呢？

内在的形势也差不多。只是不明内情的不知道，所谓无知的老百姓，毕竟是善良的，知事少时烦恼少啊！云南、贵州、广西、广东、山西、陕西、甘肃、宁夏、新疆、西藏、河南、河北、山东等省的主脑军头，一言以蔽之，都是各怀二心，意存观望。谁也不愿以自己的全部实力投入战场，都不甘与强敌同归于尽。但是我们终于把日军的战线拉得这样长，把自己本身的战区也划分为十二个。若有意，若无意，抗日战争的坚挺苦忍，硬拖了八年。这真是历代战史上绝无仅有的一次可以大书特书的奇迹。

现在为了诉说中国的文化教育，不免稍微牵涉每一时代的情况，不可离题太远，所以只略作交待。我在少年时读书，大家经常会戏说一句成语："读兵书而流泪，替古人担忧。"因为身经八年的抗日战争，而又比较略知内在的形势，然后翻思唐史，才知道郭子仪的恢复两京，真正可说是千古表率的榜样，谈何容易。

唐朝在安史之乱时，玄宗出走，长安失守，各方藩镇尚且拥兵自重，坐以观变。唯有郭子仪一接到诏令，立刻带领自家十八骑的老兵上马，一路走，一路招收散兵游勇，随即成军，而赴前敌；终于收复两京以后，他便又潇洒痛快地交出兵权，优游于富贵林下。这便是读书贵在明理，学以致用，并非只是为做官或赚钱。可惜在我们八年圣战前后，为国家，为民族，能艰危受命，功成身退，提得起、放得下的并不多见。这都是数十年来军政教育的败笔，值得后人借鉴。

大计持平筹策难

读书、学史，由现实的经历而体认学理，这是读书明理的实践经验。我每在行年九十的迟暮生命中反思，有时真会伤感一生的遭遇，有时却也庆幸一生的际会。例如，讲到我们国家民族的往事，由幼闻推翻清朝到眼见北伐，继而亲身自历八年抗战的过程，等于实践了历史记述上的变乱和大战争实况。因为牵涉太大，并且不是本题主旨，只是略说其大概幕影而已。

有两件重大的事故，必须告诉大家以及后人，备作重要决策的参考。大家须要知道，我重复述说国家民族所遭遇的八年抗战是史无前例的，然而当局者在战前及抗战期中，自己触犯了历史中难定其是非的过错。那是什么事呢？一，是内政上实行保甲制度。二，是军政上实行征兵制度。这两种制度，都是历史上强国的典范：一是从周朝土地国有的井田制度而来；二是在春秋时期管仲用以辅助齐桓公称霸；后来商鞅亦据此帮助秦国而使之富强。

书多读有用，但书读多而不知变化运用之妙，反而有害。从周朝建国，以及管仲的霸齐、商鞅的强秦，那都是社会变革形势初定的革命时期。犹如在残破的废墟上，正是需要开始建设的时候，当然是事半而功倍。但用在天下未定或安而不安的时代，如东汉时期的王莽改革新政，北宋时期的王安石变法，那便完全是适得其反了。

可是在抗战前后的当局者，先即在全国实行保甲制度，成立乡镇公所，下辖保长和邻长，遴选农村地方社会上的人士，担任乡长、镇长、保长、邻长的任务。这在理论上很像民主的先驱，但在事实上，一切皆由农村社会强有力的特别分子所把持，逐渐形成农村地方恶势力的膨胀。甚之，到了抗战后期，更有各乡镇联保制度的产生，地方恶势力者，有的当上了联保主任，那种作威作福、鱼肉善良懦弱民众的作风，实在非常可怕。于是，真正的民怨沸腾，并统统归罪于最高当局了。

接着，抗战军兴，兵源确实成最大的问题。于是就废除募兵制而提倡全民皆兵的征兵制。当然事先也经过审慎的研究讨论，如当时的知名军事学家，蒋百里、杨杰、史久光等人，皆曾参与讨论，各有专文。但终于决定实行征兵制，借以充实兵源，作长期抗战的决策。独子的家庭，当然可以免除兵役；一家三子，先抽一个服兵役，再从剩下的二子中抽一服役。各省设立军管区，主管称司令。省以次的有师管区司令，有团管区司令。这在当时民智尚未尽开的中国，一边是日寇侵掠，已是家破人亡，鸡飞狗跳；一边又是抽壮丁服兵役，等于家庭破碎。有钱有势的，便出钱买兵痞子来冒充替代；无钱无势的家庭，为了逃避兵役而被追捕的，便等于强行拉壮丁充军，那种景象，比起杜甫的《兵车行》所说"爷娘妻子走相送，尘埃不见咸阳桥"还更悲惨。

乡保长，正是抽壮丁、服兵役的基层执法人员。秉公执法，就得罪于乡里，演变成仇恨。稍存偏私，便厚此薄彼，更加怨结。征兵制的抽壮兵，与卖兵痞冒名顶替的逃亡情形，互相矛盾，终于形成天怒人怨，加重乱源。这是抗战时期的实况，足为鉴戒。

其实，保甲制与征兵制的本身，应该属于善政，只是在行政的运用上，首先要把握时与位的关键。更要知道渐变与突变的要点。时代与社会的转型，是形势的趋向。一个大小的国家，在时代形势的转向中，必须先要了解自身所处的本位。我们的国家命运，在这一百年的大变革中，自身冒犯了突变的失误太多，这就值得在文化教育上深切反省检讨了。

例如保甲与征兵两个制度，为什么到了一九四五年以后，用之于台湾方面直到现在，虽经稍加修整，但并无如抗战时期的缺失。

一、台湾省人民经受日本管制统治五十余年，已经比较惯于守法。接收光复之初，把这两种体制，照例用在当地，自然没有什么新旧变革的不同，认为这就是国家的体制，当然就安之若素了。

二、台湾地区，在清末，只是福建省行政体制的一个厅。等于是抗战时期江西赣南的一个行政区。地小，人口不多，自然容易施政。后来又经法律规定，到了法定年龄，人人均有服兵役的义务，除了生来不健康，或有特殊残疾者，皆一律平等，没有话说。至于所谓"二二八"事变，开始是因小市民对烟酒公卖的反感，一经闹事，便受潜伏在台的日本浪人与别有野心者的怂恿，所以酿成祸变。这与保甲、兵役两制无关。

但法久弊深，邻里乡村保甲的体制，到现在已成为民主选举的重要"桩脚"，为票选胜负的基本影响，仍然属于农村社会中强有力者所可左右；不过，流弊还未太深而已。至于受过教育的大专学生，必须要受军训，服满兵役，方可出国留学，亦已养成惯例，不足为异。只是高层次学历的知识分子，在受军训时，对于政治意识，便另有观点，并不如已往的普通士兵们容易统率了。例如一个学生服完兵役回来，便说"究竟为何而战？为谁而战？"这样的问题，就非只靠军训教育中必须绝对服从的教条所能解答了。这也便是文化教育上的大问题，颇难预期。

人文荟萃的川蜀

大家都知道，在现代史上，我们所谓的抗战，是指一九三七年起，日本发动九一八及卢沟桥事变，开始侵略我国，因此而使全民奋起反抗。但从人类的国际史来讲，先由日本发起侵略中国，同时也是日本先与德国取得默契，终于互相同盟，由德国发动对欧洲的侵略战争，就此而展开分为东西两战场的第二次世界大战。

为了应对全民长期抗日战争，我们将抗战的根据地定在重庆，同时将代表全国中央的国民政府也定都在此。除了已被日本侵略占据的沿线城市地区称为沦陷区之外，全国任何地方，都是前线的后方，并非只有重庆才是大后方。概括地说，云南、贵州、广西、广东、湖南、湖北、四川、西康、西藏、新疆、青海、甘肃、山西、陕西、河南、山东等地，都是整个的大后方。但在人们习惯的观念上，都只把中枢所在地的重庆，视为是代表自己的大后方。于是不愿沦陷于敌区者，都竞相奔走聚集，尤其是四川的重庆、成都各地，成为战时人才荟萃之地。当时对人力、物力、粮食、资源等，负担最重，出力最多者，当然莫过于四川，由此也可见古称"天府之国"的名副其实了。有一位川军老将领还对我说，有人担心川军不可靠，当年宋太祖赵匡胤也有此想法。蜀中有一位书生写了两句诗献给他说："君王切莫忧巴蜀，称伯（霸）由来非蜀人。"听了他的语意，彼此会心一笑。

我在八年抗战时期，经常往来于成都、重庆各地；过后思量，正是因此际遇，才结识了平时仰望难及的老一辈学者名人，交游新一辈的留洋学者，还有失意名宦，以及草莽英雄，乃至川军下野的将领，彼等大都成为忘年之交的好友。因此，有人笑我是年纪轻轻、辈分老大的小子。如果我会写小说，夸张一点来讲，可写一本现代的游侠传，或新的《儒林外史》，乃至宗教人物志。可惜我没有写文章写小说的天才。但我也常对同学们说，"读万卷书，行万里路"还是不够，要再加一句，"交万个友"，才可体会到"世事洞明皆学问，人情练达即文章"的名言内涵。这和人生的文化教育看似无关，却很重要。日本投降以后，大家忙着"复员"，还乡接收，我还在云南多留了一年，体会昆明与大理之间的史迹。

二〇〇六年　香港

二

漫谈教育

二〇〇八年五月十八日

第一堂

开场白

　　这一次我们讲教育，是为了老同学们，讲一点话让内部大家注意。我看同学们办教育越来越发心，越来越有兴趣，可是真办教育是个很严重的问题。

　　昨天我们提到，现在办教育是因为我们老祖宗几千年的中国文化快要断根了，命若悬丝，国家民族文化的生命像一根丝一样吊住，很脆弱很危险。要怎么培养它，把它重新接起来？"承先启后，继往开来"，这是现在青年同学们的责任，因为我们老了，寄望在你们身上。

　　这几年我们老同学们，从大学起接触到我的，有好几位教育都办得很不错，他们有兴趣办学校，也真发心想为国家做一点事，但关起门来说句真话，自己本身不努力，不充实学问，我看了是越来越害怕。譬如所有老师，包括我们的同学们，十几年努力编儿童读经，自己认真读了吗？像《三字经》《千字文》《幼学琼林》这几本，有些大学教授都讲不通的，你内容读懂了，能够讲通了，做中国文化的教授足足有余。但是你们只晓得鼓励大家读，自己却不读。

　　昨天我抽出《礼记》里头的《学记》，讲中国文化的精神。另一篇更重要，叫《儒行》，儒行是讲一个知识分子受了教育以后，怎么样做一个人，它建立了很多的人格方向，让你称量清楚自己要做一个什么样的人。这都是中国文化啊！搞教育的，自己都弄不清楚中国文化是个什么东西,那不只是大笑话,更是大悲哀!

所以,和我的感慨很多,看到你们几位年轻的老师这样努力,很感动我,可是有些话,我要跟大家讲一讲。我们自己内部要办学校,从校长、创办人到老师,每个礼拜至少进修两次,每个晚上应该自己读书。我讲儿童读经只要背诵不要理解,是因为孩子程度还不到,让他们先把这个本钱赚来放在口袋里,长大了拿出来用。可是我们做老师的不能这样。

千字文的学问

比如《千字文》,我讲过很多次,据说是梁武帝时代的周兴嗣写的,他犯了事,梁武帝气得要杀他,可是他人品道德学问都很好,又舍不得杀,于是把他关起来,罚他一夜之中,用一千个不同的中国字,把上古到梁代的中国文化写出来,就能免死。他真在一夜之中用一千个不同的中国字,把中国整个文化,天文、地理、政治、宗教、军事、哲学、经济等,都清楚写出来了。第二天早晨,梁武帝看了非常感动佩服,但周兴嗣一夜之间须发皆白啊。

《千字文》你们背得来吗?懂得意思吗?"天地玄黄,宇宙洪荒,日月盈昃,辰宿列张",前头四句从天文开始,是科学的,唯物的。"天地玄黄",在中原看天,玄,青色的,假使到喜马拉雅山的高原,或者在蒙古,在海洋上看到的,是蓝天白云;地,中原黄河以北的黄土高原,是黄色的。

"宇宙洪荒",宇宙两个字代表空间与时间。上下四方谓之宇,宇是空间,这个太空有这样大;往来古今谓之宙,宙是时间;这个物理世界是以时间与空间为架构。爱因斯坦发表"相对论",但没有办法把时空两个统一起来，宇宙生命的来源，究竟是怎么来的？他解答不了，因此最后老了，只好信仰宗教。时空两个是什么关系？到底时间是由空间产生的，还是空间是由时间构成的？这都是科学的大问题。没有地球、没有人类以前是什么？"宇宙洪荒"，洪，非常广大，无量无边；荒，没有东西，这个宇宙之先什么都没有，但后来形成了宇宙万物。所以，中国文化假定这个名称，不是上帝，不是阎王，也不是菩萨，是个洪荒的天地。

你们做老师的注意哦！我叫孩子们像唱歌一样背，我还可以把它变成歌舞。有一次我在十方书院带领他们出家同学，临时灵感来了，我一边念《心经》一边跳舞，很轻松的，现在叫我跳我也跳不出来。《千字文》《三字经》都可以变成歌舞，我记得有两个人办学校，教学生《易经》，用跳舞教学生的，我很欣赏。

这个"日月盈昃"四个字难讲了。什么叫盈昃呢？我们中国人用的是阴阳合历，但民间对农业气候是采用阴历。月亮每个月阴历十五，一定从东方起来到西边下去，以中国文化来讲，圆满的时候叫"盈"。每个月初三从西南方起来的就是眉毛月了，譬如李后主的名词，"无言独上西楼，月如钩，寂寞梧桐深院锁清秋，剪不断，理还乱，是离愁，别有一番滋味在心头"，这月如钩怎么画啊？把月亮画成这样一个钩就成了。那是什么时候的月亮啊？每个月初三出来是和眉毛一样的月亮，月如钩。那么，太阳呢？"昃"，太阳斜到西面，向西边落下。这都是科学啊！在过去，世界的科学领域里，中国的天文数学一路领先几千年，现在变成落伍了。

"辰宿列张"，辰是什么？辰星，早晨的星；宿，晚上的星座。譬如我们学军事的要上通天文下通地理，如果有一天在前方带兵打仗，或者在海上，或者在荒野里头，没有手表，也没有指南针，什么都没有，你怎么样断定方向呢？看天上，一看这个星星在哪个位置，哎呀！我现在大概在湖南北部哪里，方向在哪里就清楚了。我们小时候夏天晚上乘凉，躺在竹床上仰面看天，这是什么星？那是什么星？东方，南方，北方，看惯了就清楚了。那么，怎么知道时间呢？我们两个鼻子的呼吸，一天到晚对各部位的感觉是不同的，一闻，嗯！大概是什么时辰了。这些都是科学的东西，我本来不想讲这个，一上来突然讲到鼓励大家要读书，所以以后你们做老师的要进修。

立德　立功　立言

　　昨天讲到皇帝旁边经常请人上课，叫经筵侍讲，现在没有了。现在的人好像做个镇长就已经觉得地位、阶级很高了，就满足于自己的学问，不读书了。好笑话人的！

　　现在我们回到本题，讲教育这个问题。刚才有人还跟我讲要写出来，我说真正要写出来大概要一百万字，讲古今中外教育的，可是我不会写了，也不肯写。这一次是因为看到你们很努力，很感动。我说目前教育没有方针，也没有方向，前途茫茫；十三亿人口下一代的孩子，国家的栋梁，要怎么来培养？怎么来教育？

　　所以，你们肯办教育，我很佩服，但我不干。我一辈子不承认自己是老师，这个你们知道的，你们叫我"老师"，那是一个代号。你叫我"老头"，你不大好意思；叫"老南"呢，我不愿意听；叫"小南"，也没有礼貌啊；那你只好叫我"老师"了。但是，我没有承认有学生，换句话，我很傲慢，目空四海，没有人有资格做我的学生，同时我也没有资格做人家的老师。孟子说过一句话，"人之患在好为人师"，人最大的缺点、最大的毛病，是喜欢领导人，喜欢比人家高明，喜欢做老师，喜欢做老板。我从二十几岁起,就下了决心不做老师,现在也不是一个老师在讲课,不过是个老年人告诉你们这些而已。

讲到教育,中国的文化,讲人生的目的有三大要素,老子说过,人生有三不朽,是什么呢?立德、立功、立言。

前几个月来了一两百个企业家,我上来就讲,中国根本没有企业家,你们是企业家吗?不像,你们只是这个时代里幸运的暴发户,开放发展以后,中国还没有真正的企业家。要做个伟大的企业家很不容易,古今中外历史上没有几个。做生意不是做事业,人生的事业是三个目标。

第一,立德。千秋事业,留传千古,我们做不到。所以说我不做人家的老师,没有功德。什么人有功德呢?孔子、老子、释迦牟尼、耶稣、穆罕默德,这些人可以说是立德了。

第二,立功。做治世的帝王,真能称得上把天下治得太平了,才是立功。功德两个字是这样来的。中国还有一个真正立功立德的,就是孔子也很推崇的大禹。古书上讲尧舜的时候,我们整个国家地区,有九年都泡在水里头,大水灾,"浩浩怀山襄陵"。浩浩,形容那个水大;怀山,所有的高山都被水环抱住了,只有一个顶巅露在外面;襄陵,高山变丘陵了。这种情况,古文用几个字就形容完了,如果写一篇白话文章要多少字啊!这样九年,大禹治水,把长江很多的水,引到太湖震泽这一边来,再引到海里。所以这边有一个村庄叫震泽,我说震属雷,雷很多的,是雷区耶!刚才走在路上,我们几个人讲,怪不得今年天灾,震泽这里只有打过两声雷。

说到打雷,我岔开讲一下,站在峨眉山顶的雷洞坪看打雷,头上面是大太阳,脚下面是乌云,乌云里头那个闪电打雷,像水一样滚来滚去,到处都是,太漂亮,太好看了。震泽这里的雷,是在地下打,轰!好像就在旁边打出来,很吓人的。我们读《易经》晓得震为雷,所以我说这里的雷会很多很大,我盖的房子非装避雷针不可。他们说不会啦,这里老百姓都不装的。那是老百姓比我本事大,我胆子小。所以说,大禹把水利治好,才建立了中国农业国家的基础,这叫作立功、立德,大禹的功德是真了不起!

第三,立言。老子、孔子、释迦牟尼、耶稣、穆罕默德啊,他们都立了言传之于后世。其实,我们做老师搞教育的正在立言,教育的目的是把不行的人教成行,把无能的人教成能,把笨人教成聪明人。譬如,昨天我们偶然抽出来讲《礼记》上的《学记》,日本学者认为这是东方文化最古老、最伟大的教育原理,没有错。日本人照这个教育路线走,所以日本人现在比我们要有礼貌,我们反而丢了。

有人提醒我应该讲一下《儒行》,来不及啊!一篇《儒行》可以讲好几天了,一条一条分析给你听,一个知识分子,一个学者受了教育,怎么样做一个人?它有一个方向告诉你——真正的管理,是管理自己,不是管理别人。

家教与母教

可是我们现在的教育,没有这样的方向了!大家办学校的要注意了,传统上,中国的教育是从胎教开始,从怀胎就开始教育了。古时都有规定的,夫妻分房,然后家里挂的画、用的东西都要改变,胎儿会知道。生出来以后重要的是家教,是家庭父母的教育,不是靠学校的。我看现在人,大都把儿童教育寄托在学校身上,父母家长自己本身却都有问题。依我几十年经验看来,许多家长都犯了一个大错误,把自己达不到的目的,寄托在孩子身上;自己书没有读好,希望孩子读好;自己没有发财,希望儿女赚钱发财；自己没有官做，希望儿女出来做官。这个目的是很严重的，每个人都望子成龙，望女成凤，然后托给学校自己不管，自己的言语行为又大多是乱七八糟的，影响到孩子。这就是中国教育的问题，也正是家教的问题。

家教里头最重要的第一个，是胎教，母教，母亲更重要。记得当年我在辅仁大学上课的时候，有一次我正好担任哲学课的讲师，以为顶多五六个学生来听哲学，上去一看，坐满了一堂。本班有八十几个人，大都是女学生，因为我来上课，其他系的同学也都来了，窗子外面站满了。我说你们疯了，怎么来学哲学了？哲学是疯子的学问啊！我说你们是联考分过来的吗？现在教育随便把你分了系，不管学生的意愿，也不管学生的成绩。他们说，是啊！我说，不得了，你们赶快转系，或者去谈恋爱吧！同学们哗然大笑。有学生问，老师，为什么这样讲？我说，现在的女孩子大学毕了业，看不起普通人了，至少要找个硕士、博士啊，比自己高一点的，东选西选，最后一个种田的都不敢娶你做妻子了，看到你大学毕业好可怕啊！你们先把人生目标、人生哲学搞清楚，否则读什么哲学啊？

这就是哲学！做女性，最难的是做一个贤妻良母。现在女性受了教育以后，出去做事了，孩子不会带，饭不会做，菜不会煮，衣服不会缝，家管不好。假如生个孩子，第一流的家庭，受的却是末等的家教，把孩子交给佣人们去带，然后再把孩子送到学校里头，把责任推给学校；要是犯了法，还推说这是社会问题。我说我不认同，我们都是社会一分子啊！他犯罪做了坏事，和我有什么关系啊？和大家又有什么关系？社会是个抽象的名称耶！怎么能把家教的问题推给社会啊？

我们有一位同学，她说想办女子大学，这更要注意《礼记》里头的《内则》一篇，还有《列女传》，是我们传统上关于女性教育的，包含对子女的教育，甚至性的教育，告诉你性行为是怎么一回事。性的教育很重要，古代都有啊！现在反而是逃避了。这些道理，是必须要注意的。

教育先要知性情

现在我们不把问题扯开，回来说孩子们的教育，很重要的一点，是要先知道孩子们的性向。注意，我们人的生命存在两个东西，性跟情。这个性情是什么呢？人性是从哪里来的？这是哲学问题、生命科学问题。地球上，我们人类最初那个祖宗是从哪里来的？人怎么会生人？男女两性怎么来的？是先生男的还是先生女的？在西方哲学里，是问先有鸡还是先有蛋？因为西方六世纪以前都是宗教的天下，宗教说，人类万物都是上帝创造的，它不准你问这种问题哦！我们中国不会，所以人家说中国没有宗教。但中国有大科学，不同于西方宗教的说法，上帝是谁生的啊？上帝是不是人？如果说上帝不是人的话，就同我们没有关系；是人的话，那他是从哪里来的？是上帝的妈妈生的吗？那么，生上帝妈妈的妈妈又是谁？这生命的来源问题，到现在还没有解决。

中西文化、科学的发展，现在最流行的两门科学，是"认知科学"和"生命科学"，美国开始讲的时候，我说，你们够不上，这个文化在中国，而且中国在我这里，我死了就没有了，只此一家，别无分号，你们赶快来学。

生命的来源是大科学问题。所以你对一个孩子、一个新进来学生的性情先要了解。

我们先看《大学》《中庸》，性在学理上叫作禀性。禀性这个禀字有写成"秉"的，这两个字通用。禀是什么？孩子生来自己带来的，不是父母遗传的，等一下详细告诉你们。不但是人，甚至一条狗、一只猫，或者一只老鼠，每个生物的禀性都不同的，现在我们通常称之为个性不同。你们办教育，大家只晓得讲，哎呀，这个人个性很坏啊！但教育家就要是个科学家耶！个性不同是怎么来的？你教育一百个孩子，一百个个性都不同，这个禀性是哪里来的？要研究了。

禀性分两个方面，有些是从生理上来的，身体有问题，譬如内在有病的，有的会非常忧郁，有的会非常狂放；有些是从思想情绪来的，和我们大人一样，情绪是科学的问题，也是医学的问题。我们人内部的生理，心肝脾肺肾，哪一部分不健康，就会表现出不同的情绪，譬如这个人很忧郁、很内向，可能是肝的部分有问题，并不是指肝上长东西哦！而且这个机能有时是另外一种形态，譬如脾气特别坏的，也是肝的问题，影响了他的脾胃。

性跟情这两个一研究起来不得了，是大科学，科学家不能不懂，教育家也不能不知道。所以老板们有钱、有兴趣，就要去办学校，但自己本身不读书，也不投入身心进去，我根本就反对的。你是玩的嘛！是赶时髦嘛！甚至把办学校当作商业行为，你没有发心做好事啊！你以为出钱办一个学校就行了？在我看来那反而是害人。所以我不办学校，只是一辈子喜欢骂人，也许我骂人是利人吧！我常常说你们怪我骂人，我没有骂哦！我只有两句话，"平生无长处，骂人为快乐"，对不起了，这是个性问题，所以教育要搞清楚个性的问题。

先天禀赋　后天影响

现在教育最难的是什么？大家说是怎么教孩子记忆。那么，记忆力究竟在脑子还是不在脑子？记忆跟思想有什么不同？思想跟情绪有什么不同？管教育的连这些问题都没有弄清楚，光是在功课、知识上教，那完全不对了。所以，教育非常非常难的，第一个就是禀赋问题，这不只是靠对心理学的了解，西方人也不懂的。

那么，禀赋是遗传来的吗？也不对。我们中国古人有句土话，"一娘生九子，九子各不同"，同一个妈妈生九个十个兄弟姊妹，每个个性都不同，聪明与笨也不同，都是一对父母遗传的啊！所以，说禀赋完全是由基因遗传来的，也不完全对。佛法、佛学的科学讲得很清楚，禀赋是自己本身带来的种子，佛学名称把这个禀赋叫种性，他自己本身带来的种子。例如，尧舜是圣人，也是帝王，但尧的儿子不行，舜的爸爸不好。优秀的父母生的儿女不一定好，很笨很差的父母生个儿女却非常了不起；现在解释说是基因问题，那基因怎么分类，怎么遗传来的？我常常告诉研究生理学的医生，基因不是究竟，后面还有东西，慢慢去研究吧！

所以是本身的种性带来禀性，而父母的遗传，家庭、时代、社会、教育的影响都叫作增上缘，增上缘是影响那个种性发展的一种助力。

大家看我们的国家就知道。近一百年来，推翻帝制以后，西洋文化进来了，有许多留学生重提"中学为体，西学为用"的问题。中国文化在哪里？所以你们现在办教育，沟通古今中外的文化，要发心立德、立功、立言，要有"力挽狂澜"的精神。对儿童教育的认知，是为了我们中华民族的后代，要怎么培养？寄望在后代，成人很难改变了。这是谈到人性的性情问题，我是提个头哦！还没有详细发挥。

关于儿童教育的重点，初步先增强孩子的记忆力。所以我常常笑你们，尤其现在的人，到哪里都靠电脑打字机，再不然靠笔记本，只晓得讲什么就记录什么。我从小很少带笔记本，老师讲的话，听的时候我就会记得的！我还可以眼睛看着老师，耳朵听他讲的话，同时手做记录哦！结果老师讲完了，我记录好了，拿给老师看，都没有靠电脑。所以培训孩子们的记忆很重要，大家现在的教育方法是叫他背书，怎么样使用这个脑力记住？记忆跟思想两回事耶！就像性跟情也是两个事一样，这些不是普通的心理问题，是个大的科学问题，属于人文科学的理念，但是也牵扯到自然科学，包括医学、心理学、解剖学，都有关系的。

这一堂先到这里，大家休息一下吧！

第二堂

教育要注重文学

我们刚才讲到记忆力。为什么古人喜欢读诗？是可以增加记忆力的。至少在我，以及我小时候的同学们的经验，文学愈高，诗词愈好，记忆力愈会增强。但现在的人看书不是读书，光用眼睛看，变成近视，不是用脑子在看。昨天提出《礼记》里的《学记》，讲到一个字，"藏"，注意哦！入藏。我当年读书都要背书，老规矩是这样的：父亲也好，老师也好，坐到我们前面，我们站着把书本盖起来就背了。父亲说："嗯！背得很好，但你是硬记的，没有真的背来。"我很不服气，背得一个字都不差嘛！他说这样会忘记的。我说我没有错啊，父亲回我："是没有背错，但没有入藏。"我听了这句话更不服气，也没有注意。后来因为学了佛学和科学才知道，藏下去、藏在里头叫作入藏，用思想是记忆，这是一个关于脑的问题，古人说用心的心，不是心脏，是要把思想沉下去。

刚才我讲到文学重要，一个时代一个国家，文化的基础在文学。这五六十年当中，中国没有出过一个大文学家，没有写好过一部小说，文学不行，只会写论文，写长的句子。譬如别人翻译马克思《资本论》的时候，我二十出头；到我二十四岁看《资本论》时，很痛苦。为什么？普通人在当时看这个是要杀头、枪毙的，但因为我在中央军校当政治教官，管政治的人非懂对方的思想不可，所以不得不读《资本论》。可是我看了下半句忘了上半句，马克思的文字不好，而且《资本论》是用德文写的，更不好翻译，加上翻译的人文学基础也不好，像现在的文章一样都是堆积拢来的。所以我说我们现在没有文学，只有手机上发的黄段子，好像还有点文学的气味，可惜都是黄的，而且愈黄的文学气味愈重些，不黄的倒不行了。你看文化发展到这种程度了！

刚才讲到我带兵参与第二次世界大战以前，每天过的日子啊！当年抗战的时候，我们在四川，常常看见小客栈一副对子，"鸡声茅店月，人迹板桥霜"，好听吧！文学很美。"鸡声茅店月"，这小客栈不是我们现在的观光旅店，完全是茅草的房子，我们当年带兵住的就是这样，身上衣服里都是虱子，但躺下来就睡觉了，跟牛睡在一起。鸡声，早晨听到鸡叫，大概是寅时四五点，赶快起来了，这叫"鸡声茅店月"；天冷还要向前面走，已经降霜了，"人迹板桥霜"。很好的文学，这些句子我们很熟的，也是亲身体验。四川的客栈里还有一个对子，"未晚先投宿，鸡鸣早看天"，天还没有黑，叫你赶快在这里过夜，不要再向前面走了，不然夜里看不见路的。

还有清人两句诗，我们小的时候读过，"世间何物催人老"，人世间哪些东西把人催老了？"半是鸡声半马蹄"，半是鸡声，每天早晨天不亮，就被晨鸡叫着早起；半马蹄，不管天再冷，擦把脸，骑上马就要走，把人都催赶着老了。这种日子我们过了好几年。现在的人我看也是这样，这个鸡字变成飞机的机，天天要赶飞机，"半是机声"，同音的，马蹄两个字我改不了，变成轮胎，平仄不对，就唱不出来了。我们以前是"世间啊……何物……催人老，半是……鸡声啊……半马蹄……"这样用唱诵的。所以古人的诗有画境，诗中有画，画中有诗，这是中国的文学。教育要非常注重文学，所以中国以前讲礼教、诗教的，这个礼乐，乐包括音乐、跳舞、作诗都在内。

化民成俗的师道

注意啊！要晓得中国文化分三道，师道、君道、臣道。师道是超然物外的，所以可以做帝王师；我们称孔子为先圣，也称先师。我说我们有几个老师，除了孔子，还有老子、释迦牟尼都是，耶稣、穆罕默德是副教授。这些圣贤都是我们的老师，是教育家。师道超越了做领袖做皇帝的君道，和做宰相、做好干部的臣道，这三道本来是合一的。中国文化的教育，就是使你走这三条路，教育家走师道，以师道自居。古礼上，皇帝见到老师要下拜，老师不需要拜皇帝的，师道很了不起。我们想要以教育家，以师道自居，在人格的建立上就有所不同。像我们喜欢走这个路线，大丈夫不能立功于天地，不能使国家太平，只好走师道的路。

那么，师道的目的是什么？就是传统文化上的"化民成俗"四个字。"化民成俗"是师道的精神，"不朝天子，岂羡王侯"，皇帝也必须要尊师重道。中国几千年讲私人办教育，现在是政府办学校。我常常给同学们讲，从推翻清朝帝制以后，拿最好的学校如有名的北大来讲，你们知道北大第一名的同学有几位啊？有哪个人知道第一名是谁的？清华第一名的几十年来有谁啊？他们做出了什么事业？拿上海来讲，你们现在看到每个学校毕业的同学，社会上能立足的、事业做得很好的，或者最有钱的，哪个是名大学毕业的啊？不多吧！不要迷信这个了，教育不是这个道理！不管哪一行业，社会上成名的人士，不一定是从很好的学校出来的。这就是性情，他的禀赋的问题了；教育只是一个增上缘，我们做老师的尽量帮他、培养他，使他依靠自己的禀赋站起来，这是教育的目的。

我自己的感想，就像古人的两首诗，你们看看，诗的文学味也很好的：

  雨后山中蔓草荣 沿溪漫谷可怜生
  寻常岂借栽培力 自得天机自长成

"雨后山中蔓草荣"，一阵大雨下来，山里头的草就长起来了。这是诗哦！是文学哦！我们国家这一百年的命运，遭遇到这样大的一个劫数，就是所谓的雨后山中；而现在青年人、新的一代站起来了。

"沿溪漫谷可怜生"，沿溪满山谷都是草，这些草自然就成长了，那个草好可怜，可是它自己长得很快。我们的生命活着，后代青年成长起来，也是非常可怜，靠自己成长。

"寻常岂借栽培力"，寻常是平常的意思。"岂借"，哪里是靠人家栽培的力量。世界上长得最快的是草木，平常没有农夫去浇肥料，也没有人管，它也自然成长。

"自得天机自长成"，我的一生自己就有这个感觉，不是谁培养我出来，是我自己成长起来的。其实受教育的孩子们，将来好坏他自己都会去成长。我很感慨，一般社会上有成的人不一定受过好的教育，当然能受好的教育更好，我们并不否定教育。

还有第二首诗：

  自少齐埋于小草 而今渐却出蓬蒿
  时人不识凌云干 直待凌云始道高

"自少齐埋于小草"，你看自己教的学生，看不出他将来的成就，如果有先见之明看到，你真是一个好校长、好老师了。这小小的一棵松树，是跟草种在一起，一起成长的。

"而今渐却出蓬蒿"，很了不起的、几千年的一棵大树，它在草里头慢慢自己长出来。

"时人不识凌云干，直待凌云始道高"，当它和草一齐成长的时候，当时的人不晓得这棵树将来会长到天那么高，不知道它将来会变成万年的古木；一直要等到若干年以后，它变成大树、冲到天上了，大家看到，哎哟！好伟大，才受万人景仰，有些老百姓还要烧香礼拜，把它当成神木。

这两首诗就是讲个人的成长，与教育有密切的关系，像我们同学里头有很多人今天都在社会上站起来了。"时人不识凌云干"，当时的人看不出来，"直待凌云始道高"，现在看起来真不错啊！教育就是这个道理。

什么是意 志 精 神

我们对于教育的重点，刚才说过性情，性与情。那什么是思想？学教育的特别要把这一点搞清楚。我先不拿佛学来讲，那个太科学，太细了，就拿我们上古的文化《黄帝内经》讲，其实《黄帝内经》是我们最古老的医书。

《黄帝内经·灵枢篇》，注重于经络的，尤其对研究针灸的特别重要。《灵枢》卷二有个《本神》篇，这个本神的神，不是什么神啊鬼啊，是我们的精神，生命的禀赋是"神"，我们讲这个人有没有精神的"神"。《本神》篇"法风"，法是效法，风是一股气的意思，生命就是这一口气，我们呼吸的气一断就死亡了。

黄帝问他学医的老师岐伯，什么叫作人的意志精神呢？岐伯回答说，"天之在我者，德也。"上天，这个是代号，生命的本来，我们中国讲的天或者道都是代号，已经切断了迷信的观念，是科学哲学的来源。上面是什么，真讲起来是大科学，是"形而上"的。什么叫"形而上"？宇宙万物都有形态、有现象，是看得见、摸得着、抓得住的，但生命的本来，最初那个功能叫"形而上"，没有形象的，更不是唯物的；但你说唯心也不对，心跟物都是因它而起的。现在这个问题不谈，太高深了，属于大科学、哲学。

"天之在我者，德也"，这一句话怎么解释呢？中国文化讲"上天有好生之德"，上天给你的，禀赋来的。譬如这两天我们四川大地震，地球里头的气在震动了，这是大科学，可以生人也可以死人。所以"天之在我者，德也"，上天有好生之德。

"地之在我者，气也"，从妈妈肚子里出来以后，我们的生命得以维持，是靠宇宙以内一股能量。这个"气"并不是空气的气哦，也不要看成煤气啊、电气啊，不要搞错了，这是一个代号。生命有一股能量的存在，要注意哦！

"德流气薄而生者也"，这要认得中国古文。像我们当年十几岁在庙子里读书，自己就看懂了，要是你看成气很薄，那就错了。"薄"者，逼迫也，我们小的时候读兵书，"兵薄城下"，这个兵快要到城边，就是用这个"薄"。"德流"，上天给我们的生命是个流动的力量，它是动态的。"气薄"，后天的生命功能随时逼迫着我们的身体。就是这样，我们生命的存在，四个字"德流气薄"，上天给我们生命的功能，地球给我们生命的力量。所以，中国文化里头有很多宝贝啊！你古文不好，古书就读不懂。

"故生之来谓之精"，讲到人的身体了。上天给我们生命的功能，地球给我们生命的力量，变成生命的存在，就产生精。精不是男女性交出精的精哦！精就是现在讲的细胞、基因，或者荷尔蒙，我们这里翻译不叫荷尔蒙，叫"激素"，这些都属于精。"故生之来谓之精"，所以老了、病了，人就瘦了，细胞出了问题。

"两精相搏谓之神"，有阴阳气在里头，它是讲唯物了。这个生命有两精，阴精和阳精，每个人本身有阴阳的精。"相搏"，两个互相纠结结合拢来，这个力量绞起来就产生神了。所以，我们老了，眼睛老花，神不够了。像我现在还可以，因为我晓得养神，养精养神叫保养精神。

"随神往来谓之魂"，脑筋的思想叫作魂，灵魂。中国文化中的灵魂是唯物的吗？不是，但也不是唯心的，是唯物唯心两个同体变化来的。随神往来就是魂，我们的思想是魂。所以看古书，或看古代木刻的画，人死了，这里（头顶）出来一条线，上面灵魂出来了。做梦叫神游，我们古文讲自己做梦，神离开头顶去外面，魂出去了，先由脑通到心脏，全身通的，"随神往来谓之魂"，它跟着这个神跑。以前老一辈子的人，会看老人的生存时间。譬如我有一个老师，有一次我父亲告诉我，你那个老师我看不久之客了。不久之客就是活不久了，在这个人世做客的时间没有多久了。我父亲对我讲，旁边就有人问他，你怎么知道的？我父亲说，他的神已经张开了，像花一样张开了，散了，看到人茫茫然，所以就不久了。这是说"随神往来谓之魂"。

"并精而出入者谓之魄"，魄是睡着了的那个气，我们睡着了身体还在动，会呼吸，呼吸同肺很有关系，这个叫作魄。魂魄是两件事，你要研究中国字的不同哦！它们归于哪一类呢？归于鬼神这一类。什么叫鬼神呢？往下面去的叫作鬼，向上冲的叫作神。鬼字旁边有个云字的叫魂，鬼字旁边有个白字的，一股气，叫魄，就是呼吸，就是心脏跳动。你们如果看过死人，到医院里看到快要死的人，他那呼吸，呵、呵、呵（急促状）！就是他的魄快要散了，呼吸快要完了；它同呼吸关系很大。

"所以任物者谓之心"，中国文化中，精、气、神、心是分开的，这个心不是讲心脏哦！你把它当心脏看就错了。心，就是我们能够思想、能够记忆、能够作用的能，用一个代号叫作心。你看我们中国的心字很有意思吧！黑板上写的这个心字，同我们心脏解剖出来的是一样的，心窝子这里有个窝窝，空的嘛！像半个月亮一样向上，上面没有东西，里头也是空的。另有三点在外面，这三点是什么？精、气、神，这就是心了！我今天告诉你的是古文对文字的解释，如果把这个心当成心脏就错了，如果要当心脏，就要两个字连起来，心字加个脏字，才是心脏。

"心有所忆谓之意"，你们办教育要注意，教育儿童增强记忆，心要宁静，我现在重点给你讲这个。心随时忆念，所以要你背书，要你背来。你们同学说我记忆力强，我现在比以前还更强，强在哪里？心有所忆，一个好的句子或者是好的问题，我留意了又留意，记了又记，是自己叫自己，不是叫脑，是叫自己这个主子你不要忘记了。怕忘记了就反复记，可是还需要帮助的。他们跟我比较久了，他们知道的，有时我夜里想到东西要写，明天要打字，就赶快记下来，有时候电灯关了，我拿一张纸闭着眼睛就写了，懒得开灯。为什么？万一有一天老了瞎了也要写嘛！大概意思画出来。你问他们，我怕打扰别人睡觉，经常写好了放在门下面，他们隔天一开门就看见了，晓得这个要打字出来。不像你们记忆力散乱，一天到晚在玩，自己又都在闹情绪，没有恢复到先前的记忆。心有所忆，是回忆，随时回想这一句话。譬如我经常要背，"鸡声茅店月，人迹板桥霜"，已经有记忆就不要这个意志了，这个意志是分析的，能记忆就已经不需要分析。"心有所忆谓之意"，意跟心不同的哦！

"意之所存谓之志"，人要立志，很坚定的意志。学医的人，不管中医西医，希望病人跟你配合，怎么配合？告诉病人：放心，一定会好！增强他求生的意志。所以医生虽然晓得这个病人救不了，但还会告诉他："没有问题的，没有问题。"然后转过来跟他家里的人讲："不行啊！准备后事吧！"不能给他听到，你要保存他那个求生的意志，给他希望，使他坚强。

"心有所忆谓之意，意之所存谓之志"，意永远保存着，谓之志，志跟意是这样的差别。中国字心字上面加个士，士是知识分子、读书人，受过文武教育的叫作士，士的心叫作志，坚定的意志，"我要这样做"的意志。

"因志而存变谓之思"，思和想两个不同。你看中国上古的医书里就有，并不是佛学来了以后才有的，可是一般的医生不读这些，可惜啊！所以医学不会再高明了。一个好的医生，他的意志、记忆、分析，一定很坚强。因志而存变，知道内在的变化叫作思，这个是思想的思，不是想，想是粗的。思是很细的，所以我们文学上叫"沉思"。科学家发明，哲学家研究逻辑，都是"因志而存变谓之思"。

"因思而远慕谓之虑"，大学之道讲，安而后能虑，虑包括了思想，这和佛学不同了，它是科学的。因你的意志而存变，心里有这个观念求变化，是思想来的，因思想考虑很多，很细密，这个叫作虑。这个虑（慮）字呢？老虎的头，再下面是田，就表示这个身体的中心在胃这里，放在心里头。所以这个虑，是很内在的思虑。

"因虑而处物谓之智"，智慧是最高的，它不是思想来的。因虑，因为他内在的思虑，研究这个问题，譬如我们讲，你要考虑考虑，我们中国话都是这样讲，叫人家多想多研究，考虑完了，不用思想，不用意志，忽然一个灵光发现，那是智慧。所以智慧不是思想出来的，也不是由心出来的，是由神出来的，这又回到神了，所以说智慧可以通神。

这些就是告诉大家，教育是这样的道理。这里讲"心、意"，还没有讲到佛学的"心意识"，佛学讲的心意识就包括后面的智慧了，那个就是认知科学，生命科学。

"心有所忆谓之意，意之所存谓之志，因志而存变谓之思"，我大概这样带领大家研究一下古文，读一下，它的内容很深的，你们自己背来，去研究。

"因思而远慕谓之虑，因虑而处物谓之智"，处物，就是对付万物、对待世间人，如此能够做事了，这是智慧之学，教育的目标在这里，教育的作用也在这里。

所以，我一开头就叫大家不要光凭兴趣办学，不管你是出钱的创办人，还是校长、老师，你本身必须要投入进去。不是说我办个学校名望很高，那开个豆腐店也不错啊！何必办学校呢？再不然开个按摩店也很好，每次给人家按一下也可以拿五十块钱啊！

好，我们今天先讲到这里。粗浅地贡献大家这一点意见，很多想讲的话一时讲不完，谢谢！

第三堂

办教育的人们

教导孩子感恩

张老师说她的经验,她说:

我跟同学们说,第一个从你的生活上做起,你们会不会说"谢谢",会不会说"请你",会不会说"对不起"?都会。我说你们有没有想到,我们要常常说"谢谢"。他们就说,我们也有说过"谢谢"。

后来我就跟旁边的那些领导讲,我说各位在座的领导,你们要注意到我随时随地在说"谢谢"。他们就点头。在吃饭的过程中,服务生端水来、换个盘子,都说"谢谢",那整个桌子上就我一个人在说"谢谢"。可是我发现服务生很开心。所以我就跟那些小朋友讲,我说我们不要光想说人家该为我们做什么?人家帮我们做的事情,我们都要感谢。一般都认为说:我付钱来吃饭,没有道理跟他"谢谢"。可是我们要从另外一个角度想,他帮我们做了事情啊!我说大家要时时用这个方法提醒自己,训练自己多说"谢谢"。

我举个例子,我住的那个小区,后面有个擦鞋、修鞋的鞋匠,有时候我拿着皮鞋去擦,擦了以后我说:谢谢你,你辛苦了!那个擦皮鞋的是个年轻人,三十来岁,我对他讲了"谢谢"以后，他瞪着眼睛看我，问我可不可以跟他谈谈。我想是不是我说那声"谢谢"对他心里有什么触动？结果他就搬他的小凳子让我坐，他一站起来的时候，我才发现他是个残疾人。他说他从小就小儿麻痹，行动不方便，所以在外面常受到欺负，而且人家对他非常歧视，他心里对他母亲很怀恨，恨他母亲为什么要把他生得残疾，他恨这个社会为什么要瞧不起他。他说今天他赚我的钱，应该他跟我说"谢谢"，怎么反而我对他说"谢谢"呢？

　　后来我就告诉他说：我非常敬重你，我在外面看到很多不残疾的人，他们在讨钱，甚至是假装残疾来乞讨。你虽然有残疾，没有向人家乞讨，你以擦皮鞋来维生，对不对？这就是你作为社会的一分子，对你个人负责，对社会负责，你没有把自己变成社会的累赘或渣子，这一点我很敬重你。再一个，我从你擦的这个鞋子上来看，你把鞋擦得很干净，连鞋底都擦得干干净净的，可见你对你的工作非常专心，是用心在做事情，从这一点就可以看出，你不是应付客人，随便骗客人的钱，你是真心把这个事情做好，也就是说，你对你的工作负责，对不对？这一点我也非常敬重你。第三点，因为你把我的鞋擦得很干净，我穿在脚上很开心，你让我开心就是对我做好事，所以你不要以为做好事要用钱来做。你只要把自己的工作做好，使人家开心就是做好事了，所以我要谢谢你。同样的因为我谢谢你，你也很开心，你今天跟我讲的这些话表示你的心理有很多障碍。

　　他说：是啊！听了你的话我心里面很震撼，而且很感动，我觉得我还是被人尊重的，不是被人家歧视的。

我说：所以一件事情要从各个角度来看，你认为你收了我的钱应该跟我说谢谢，可是我不从这个角度看，我从另外一个角度看，你把我的鞋擦得很漂亮，让我很开心，所以我应该谢谢你。我从这个角度看的话，就处处在尊重人家，处处在为人家着想，处处在制造一个很快乐的气氛。大家都从这种角度来看事情的话，我相信这个社会就很祥和。所以我说：你不要认为自己残疾，你今天有这种感觉是不是心里很温暖？他说对。我说：你的心现在很温暖，你的心门在打开，就是你以前的心胸很淤塞，现在你是不是觉得很松了，好像要打开的样子？他说是这种感觉。我说：你的心门一打开，视野就不一样，观念也会改变，你看事情就会从好的角度来看，而不会去钻牛角尖。你一时钻牛角尖就会埋怨这个埋怨那个，对人很不服气，就会恨人家。你同样过一辈子，快快乐乐地过也是过，整天愁眉苦脸怨恨也是过，你为什么不快快乐乐地过？你碰到一次这样的人，可以影响他的生命观念，在我来讲我就觉得功德无量。所以我也希望你们可以想一想张老师今天跟你们说的话。

　　我举出这个例子跟那些同学们讲。我说：同学们你们在学校，要用这个方法来训练自己，告诉自己说哪些事是他人为我做的，不要想说这些事是他的工作，他帮你端一杯水，或者同学们帮你递一张纸，或借一个东西给你，你都要随时说"谢谢"，而且要很真心地感谢。这样的话，每天晚上睡觉前你回想一下，今天说了多少的"谢谢"？我说你一定说了很多"谢谢"，你说了很多"谢谢"，就表示有很多人帮助你对不对？他们说对。

　　有些孩子，不是孤儿就是家庭非常穷困的，这些同学心理多少都有偏差，可是如果能这样想的话，你会觉得自己并不孤单，还有那么多人在关心我，对不对？你就会感觉很温暖，就会像我刚才讲的那个腿残疾的叔叔一样，心门就会打开，你的观念就会不一样，就会感恩。所以，为什么张老师跟你们讲"感谢"这两个字，不是只是一个行为，而是在这个行为的过程中，互相学习如何做人做事。我说由这些行动，张老师教你们，你们会学会感恩，会觉得自己在这个社会上还是有很多人在帮助你，你不要光想不好的这一些，你要尽量想这些好的，这样调整了自己的心态，那你就可以与人为善。在学校里面每个同学都这样子做，就会造成一股善良的风气；学校形成一个气氛，有了校风以后，就会有人来学习。

品德问题

张老师又说：第一个我叫大家多说"谢谢"，第二个多说"对不起"。我问他们，我说小朋友你们如果在操场上玩的时候，同学互相撞到会怎么样？他们说会吵架，会打架。我说我在美国看到两辆车子相撞，从来没有见过两个司机下车在那边吵架，弄得整条街交通堵塞的。他们下来都会彼此问：你有没有受伤？你车子哪边撞坏了？如果可以和解的，他们自己赔一点钱就和解了，不能和解的就让警员和保险公司来处理。不像在大陆，下了车就在那边吵架。然后我跟他们讲：可不可以把车子移到路边去谈，不要影响交通？他们就讲：这是我们的自由，你管什么？我说：各位同学你们有没有考虑到，这就是文明的问题，我们中国有五千年的悠久文化，号称文明古国，可是我们自己反省想一想，我们真的文明吗？

　　我再举个例子，上次有事情到北京，有一位记者约了我要采访，因为我住在朋友家里，不好让记者到人家家里来，外面又嘈杂。那个记者就说："张老师啊，到我家来好不好？我家人都在国外，我一个人住，再把另一位女教授也约来，就在我们家里谈，这样子就不受时间地点的限制。"我说好。于是我从朋友家出门，到外面拦计程车，在马路上拦了两个小时，我居然上不了计程车。我说到这里就问了，各位同学你们猜猜看是什么原因？他们都猜不出来。我说早上高峰期空的计程车很少，每当我好不容易拦到车，后面就突然跑出一个年轻人跳上去，每一次都是这个样子。我心里很感慨，我这个老太婆不能到大陆来生活，因为我抢不过人家。我想因为奥运，北京一直在宣传说要有礼貌，可是我自己实际碰到的这个情况，并没有因为政府的宣传，北京的市民就有改进的现象。所以这个问题在哪里？我说这是品德教育的问题。

　　我谈到这个事情的时候，旁边那些领导也在点头，他们就讲张老师说的确实是这样，而且很严重、很普遍。中央的政策我们抓不到重点要怎么做，可是今天张老师讲的这些确实是可以做到的，只要我们有耐心，坚持来推展这个方法，对小孩心理上会有影响。

　　我就对他们讲，所以我们要表现我们自己的文明。你们说要报答张老师，那你们就要听张老师今天交代的，好好坚持去做，训练自己多说"谢谢"，多说"对不起"，多说"请你"。你们请同学帮你做事，递一张纸给你也好，借个橡皮擦也好，多说个"请"；你加上一个"请"，对方的感觉就不一样。像现在我们推动和谐社会，我说如果大家都这样做的话，这个气氛就变了，所以不需要任何口号，从生活上这些小事情来做起，培养这些孩子们宽容包容的心，能够谦让，这样子的话，整个社会就和谐了。

教育以变化气质为目的

刚才是由张老师讲起的，办教育是改变气质，不只是教学生知识，我的想法，我的经验，都是一致的。古代书院里头，是以创办的人为标准，例如朱熹在福建办紫阳书院，是以朱熹为标准，进行人格的教育，对老师有要求，学生要进修，老师也要进修。刚才讲的，如果老师自己本身不能修正，空口说白话，对学生的教育就没有用。

所以老师的问题很大，不是你办个学校就能解决的。你办孤儿院，办学校，我始终惋惜你，我也晓得你有这个愿力，你的愿力是对的，但是你要想改变孤儿的教育很难，孤儿和艰难困苦的孩子，长大了只有两种情况：一种是非常感恩这个社会，想办法做个好人，报答这个社会，就像你一样，千万人中只有少数几个；其他一大半以上对社会是埋怨的，你对他再怎么好，他心里的根子上（下意识）总有埋怨，这一点很难改变。不仅孤儿教育是这样，普通的教育也是这样，这是人性最基本的问题。

教育是以变化气质为目的，但是变化气质是非常难的！我教了一辈子，等于说从二十几岁起，就看通看透了这些，可是我没有放弃，还是朝这个方向在努力。我为什么说不敢写书？譬如大家都讲跟我学佛，是否有人有成就我也不知道，我这个话是客气话，跟大家客气。我说的几乎没有人听，没有人真去做的，所以对教育我始终是很灰心，一辈子讲教育无用论。孔子的一生，三千弟子，七十二个贤人，但是真正成就的，十来个人而已。释迦牟尼佛一生也是这样，尽管经典讲的那么热闹，真成就的只有十大弟子。教育是个牺牲，很难有成果；可是虽然如此，它的影响还是非常大。

我现在听你们几位讲办学，都是请老师的问题。当然请校长也很难，孔子来给你做校长，不晓得你请不请他，也不知道他会不会答应。所以讲到教育，我是深深佩服文中子的，你们没有读过文中子的书吧？这里有几个同学听我讲过就知道。文中子的名字叫王通，是隋朝人，我们读《古文观止》有一篇文章，写《滕王阁序》的王勃是他的孙子。文中子王通一开始有志于天下，后来不干了，在隋朝那个阶段退下来，讲学河西，在山西一带，培养出初唐开国时期的好几个文武名臣，譬如房玄龄、杜如晦、魏徵、李靖等，这些都是他的学生。他自己本身不出仕，而把帝王之学教育给学生。他有一部书叫《中说》，很有名。中国三部有中字的书，一部是子思的《中庸》，一部是王通的《中说》，一部是翻译过来龙树菩萨的《中论》，都是很特别的书。文中子这三个字的谥号并不是帝王封给他的，是他的弟子们对他共同的尊称。文中子是继孔子之后，在隋唐之间承先启后的一个人，是在教育方面很成功的一个人物。

师才难得

刚才那个同学报告的有一点你注意，她是在偏远地区办孤儿院，那边是我在抗战时期经常活动的区域之一。少数民族各有特别的个性，要善于了解与教育。

所以我过去给你们讲课，提到过清初有两本书，一本《天下郡国利病书》，是顾亭林的著作，第二本《读史方舆纪要》，是顾祖禹的著作，两部合称二顾全书，都是很值得一读的；里面把中国每个地方的山川、地理、物产、人情都讲到了。

现在我们讲请校长，你在湖南、湖北找，恐怕很难。照你这个选法，留学回来的不愿意给你做校长，你们几位自己都是海归，叫海归来他不愿意的。土鳖呢？他讨厌你是海归，也难办。

校方老师：因为我们是私立学校，所以我们在师资的招聘会上遇到非常非常大的困难，就是成熟的老师不太愿意放弃公家的铁饭碗，到私立学校来教书。一方面我们提出相当优越的条件来吸引他们，另外一方面我们也招年轻的，也就是刚毕业的老师来教书。三年下来有一个很深的感触，就是在教书上，有经验的老师跟没有经验的老师，在课堂的掌控上实在差别太大了。但是另外一方面，没有经验的老师他如果很投入，在一年两年以后，他带出来的班会比有经验的老师带出来的班还要好，特别是男的班主任。

那就是说，油条还是要嫩一点好，老了就是老油条了，对不对？

校方老师：是。办了教育以后最深刻的感触，就是如果从事这个事业的人有这份心的话，确实是一分耕耘一分收获。看到老师用心带孩子就很高兴。但是老油条有时就会耍大牌啦，好像自己不得了，他的班简直翻天了。

我们今年要进入第四届招生。还继续在找校长，可是很难找。完全不懂教育的，本身有相当大的障碍；但教育出身的，就有前途上的或者其他想法，年轻的会想在公立学校出人头地。这里面有一个很大的毛病，就是对私立学校的政策，国家在这一方面目前是不平等的。

世界上很少有人愿意一辈子只做老师，很诚恳从事教育的，很少很少，我看到只有几位。其他的若只求职业倒也还好，但有好胜求名的心在，就很难了。

旧教育的教法

刚才讲到传统文化的教育，再给大家提一点，譬如《三字经》《千字文》，你叫他背书，不是会背就算数。我的经验，还是照旧的方法，背完了默写。可以买毛笔给他默写，一方面认识繁体字，另一方面书法也练习了，三样合在一起做，时间只花一次，其实都会了。毛笔字练好以后，钢笔字、圆珠笔字自然漂亮。要用繁体，你们自己买《康熙字典》或者是《辞海》，好像有两个老师在旁边，两本就够了，来翻，来念，你自己也跟着很快进步了。没有别的方法，我这个方法是旧方法，非常快的。照新的办法是很难，光背还不行，要默写。

另外，叫他们背诗，背什么诗呢？重要的都有编出来，比如《笠翁对韵》，要多唱念，然后告诉他们怎么作对子，"天对地，雨对风，大陆对长空，山花对海树，赤日对苍穹"，这样把一本书唱歌一样念下来，一边默写，一边背，很轻松。这样唱起来念诵，将来还可以培养出作词家、作曲家，作出好听的文学词曲艺术。

还有要用珠算、笔算教算术，不是数学哦！算术跟数学有差别的，初步的加减乘除这个是算术，数学就高一点了，三角、几何、微积分啊！那个叫数学。你把初步的算术背来，背什么呢？

先背九九乘法表，都是老的，九九乘法表背会了，加减乘除也会了。我们这里有一位老师会教珠心算的。这个会了以后数学很容易上去了。

讲英语，暂时先不管英文文法，把普通的英语先认得，会讲会写，这个会很快。

旧的教法就是这样。政府规定的课本你不要丢，其他科学的东西，将来再想办法在政府规定的课以外加进去，现在还达不到。政府规定的考试，一样考啊！我贡献你们的意见是这样。你去实验，我讲的这个是旧的办法，是最快速的成就。

好了，差不多了，今天晚上就是闲谈一下，我向诸位同学们请教。

（整理：牟炼）

对学生家长研修班讲话

二〇〇九年十月九日至十一日

第一堂

诸位家长第一次见面,我们就都不客套了。很抱歉我这几天眼睛不大好,正在治疗当中,看大家看不清楚。古语有一句话叫作"雾里看花",我现在的眼睛看一切东西,就像在云雾里头看花一样,只有个影像而已。

乱世出圣人

我看到我们这里为大家安排了静定的课程,这件事情我要特别声明一下,静定不是修道,也不是学佛,而是中国传统文化几千年来,对于自己人生修养最基本的一个东西。在两千多年前,这个阶段奇怪得很,东西两方都出了圣人。中国有老子、孔子,印度有释迦牟尼,欧洲有苏格拉底,这个阶段是出圣人的阶段。差不多在同一个世纪当中,像太阳一样,白天从东方升起,晚上就到了西方。我们现在是二十一世纪,如果拿这个观点去研究一百多年来世界的历史,那是非常有趣的。

我们现在叫这些古人为圣人,在我的观点看来,凡是时代最乱、最衰败的时候,就会出圣人。所谓圣人也不过是时代的医生,整个时代有病了,就会出现了不起的人做医生,治时代的病,也是治人类的病。我这个观点差不多是个定律了。再回过来看东西方的历史文化,一个时代衰乱到极点就会出圣人,出现了不起的人。其次就出英雄,英雄比圣人差多了,英雄是征服世界,虽然也有安定的作用,但不及圣人,不是根本之道。圣人不想征服世界，只想使世界人类能够平安。

我们现在在这里静坐，就是求证自己身心的一个修养，这是中国文化从上古开天辟地以来，一直流传下来的。大家都听过四书五经，我们第一部讲历史的书叫《书经》，也叫《尚书》，里头讲上古文化，自黄帝以后，唐尧、虞舜、大禹，这三代我们历史上称为"公天下"。因为这三代的政治文化正如现代人所讲的民主、自由，虽然有君王，但是唐尧、虞舜、大禹这些君王是公众选出来的。那时候不叫民选，叫推举，由老君王让位给大家推举出来的人。唐尧传位给舜，虞舜传位给大禹，大禹治水，使中国农业社会打好了基础，这三代叫作禅让的时代。所谓禅让，在古文是四个字，"推位让国"，自己年纪大了，觉得没有余力，不能有所贡献了，就选拔另一个人出来接手。

唐尧选拔了大舜，舜是孝子，你们讲儿童教育要注意哦，唐尧、虞舜、大禹这三代的家庭都是问题家庭。唐尧是圣人，可是他的儿子"丹朱不肖"，做人不像样叫作不肖。舜的父亲也是一个乱七八糟的人。古来圣人、孝子、忠臣，多半是出在有问题的家庭。譬如我们讲二十四孝中的孝子，你听二十四孝好像很了不起，你研究一下，二十四孝都是出在有问题的家庭。正如《老子》中的两句话，"六亲不和有孝慈"，家庭有问题才出孝子，为什么要求要有孝子啊？家庭没有问题自然个个都是孝子嘛！不用再特别要求有个孝子。"国家昏乱有忠臣"，为什么需要忠臣啊？一定是国家出了问题，国家不出问题每一个都是忠臣嘛！所以老子的话讲得很彻底，"六亲不和有孝慈，国家昏乱有忠臣"。你看历史上许多人物就是这样的出身。

我讲到这两句话，同时也告诉各位家长们，不一定要望子成龙。我常常说家长们有罪过，把自己一生的缺点、遗憾都拿来要求自己的后代，加强他的负担，这是很罪过的。我本身很感谢我的父母，只管着我不要乱来，不要求我别的，甚至还要求我不要读书、不要出去做官。我的祖母、我的父母都是这种想法，只要我规规矩矩做个人，有口饭吃。我是独子，没有兄弟姊妹，可是我硬要出来到处游学，他们也没有坚决反对。

十六字心法

因为讲到圣贤，前面这一段把话扯开了，现在讲回中国传统三代关于静定的修养。尧传给舜，舜传给禹，把国家交下来，这是公天下。大禹死前也想推位让国，可是找不到合适的人。大禹死了以后，全国人民把他的儿子启推举出来，大禹以后从此变成家天下，一代一代传下来。所以我们中国文化推崇的，是三代以上主张的公天下，你看孔子、孟子、儒家、道家，随便哪一家，都是推崇公天下的。

尧、舜、禹三代除了传承国家政权以外，也传心法，这个心法就是我们说的修养，怎么样修心养性，也就是静定的道理，不要看到静定就认为是学佛修道，在中国文化中，修心养性的方法简称叫心法，由唐尧传给大舜，大舜传给大禹。他们传位的心法只有十六个字：

人心惟危，道心惟微，惟精惟一，允执厥中。

"人心惟危"，现在国家给你去管了，你要注意啊，世界的人心是很危险的，人的心理有善恶，是相对的，不善则恶，所以说"人心惟危"。古文很简单，中国文字几千年保存下来，几个字就包含了很多的内容。"道心惟微"，你做皇帝要修养自己。做家长也同做皇帝一样，要先修养自己，修养自己心性的学问，太难了。"微"，你看不见摸不着的，自己的思想情绪太微妙了，这个微是代表微妙。印度释迦牟尼佛的佛经翻译过来，什么叫作微？"不可思议"，你不能想象，也不能讨论，我们这个心性的活动、这个思想情绪是摸不着、看不见的。在古文是那么简单的两句话，传位时就告诉继位的人：你注意哦，做国家的领袖，"人心惟危，道心惟微"，要找出自己修养中不可思议的那个道德方面的功能。

"惟精惟一"，这是本身内在修养的功夫了，你心念不要乱，万事要很精到。这个精字解释起来很难，你看到的是精神的精，但什么叫精？我们小的时候读书，同学们讲笑话，什么是精啊？吃了饭就精嘛，为什么？青字旁边一个米嘛，饭吃饱了就精了，这是小时候我们同学讲的笑话，因为精字很难解释。我们都晓得精细，这个讲起来容易明白，"惟精惟一"，修养方面是唯一，心性自己要专一，要是有一点不小心，我们这个心性就容易向恶、向坏的路上走。后来佛学传过来，古代禅师也有两句话，"染缘易就，道业难成"，社会的环境、外界物质的诱惑，容易把我们自己清明自在的心性染污了，一个人学坏很容易，就是染缘易就。"道业难成"，自己回过来想求到惟精惟一这个修道的境界，很难成功，太难了。这是借用佛学的话，解释我们自己上古传统文化的"惟精惟一"。

"允执厥中"，善与恶，是与非，好与坏，对与不对，世界上一切的事情都是相对的。譬如刚才我来以前，那位李老师给我念一篇家长的报告，讲做善事、做事业的辛苦。其实，善与恶是相对的，我们没有智慧做事情，有时候因善因而得恶果，做善事变成很坏的结果；有时候无意做了一件不大对的事情，却有很好的结果。这个里头的道理太难了，做人处事，并不是一定说做好人就对了，那世界上好人都对了，坏人都不对了吗？不是这样。治理国家、做人做事、讲自己的修养，都很难，所以要"惟精惟一,允执厥中",把握中道。要治天下,有时候要用看似不善的方法来做,如何用看似不善的方法达到善的目的呢?这个是智慧了。

这四句心法就是尧传给舜、舜传给大禹的三代修养的口诀,出自《书经》里头的《大禹谟》,谟就是谋略,也就是现在国家重要的文告。

尧传位给舜时,自己已经一百岁了;大舜传位给大禹的时候,也快要一百岁了。因为大禹治水有功,大舜把国家传给了他,自己渡过长江,到湖南、广西去了。现在历史上还有一个疑案,大舜据说死在湖南九嶷山一带,究竟死了没有?道家的《神仙传》上说他在这里成仙了。

舜的两个太太娥皇、女英是尧的女儿,她们为了找舜,就过了长江来到湖南,准备到广西寻找大舜,结果得知丈夫死在湖南。湖南洞庭湖有一种竹子叫湘妃竹,传说是娥皇、女英为了思念丈夫,在那里哭啊,泪都流干了,泪水流到这个竹子上,留下斑斑的痕迹,所以这种竹子叫作湘妃竹,故事很美。后来道家的书上说,她们两姊妹死后变成了湘君,管理洞庭湖。这些都是无法考证的神话故事,但是你仔细研究,透过它的内容,里面有高深的道理。

孔子一生的修养

我现在闲话讲多了,不要离开本题,不要把静定看成学佛修道,它是讲身心的修养,过去是这样传下来十六个字。

到了春秋战国的时候,天下乱了,那个时候不但中国乱,印度、欧洲也在乱,都一样的。因为我们现在的人书读不多,只知道中国有春秋战国,那个时候的欧洲,一样是混乱的时代,印度也是，这个地球的命运是很有意思的。这个时候，孔子出来整理了中国几千年来的古书，集中起来叫作六经，现在我们传下来的有五经。比如《诗经》，社会乱的时候老百姓心里有许多讲不出来的话，就用唱歌啊、作诗啊，来讽谏政治。孔子整理的时候，有些太低俗的不要了，把好的集合起来叫《国风》，代表某一个地区的风气，某个时代的情绪。

孔子整理了《诗》《书》，《书》就是刚才我讲的《书经》，是中国第一部重点记录历史文告的书，记载了心法的传统。最后孔子自己著一部书叫《春秋》，讲春秋时候天下变乱的历史，是他记的账，只记账哦！譬如说，"二零零玖年，秋天，太湖大学堂跟大家聚会"，孔子只这样记，至于内容是什么，没有写。他后来的学生，根据孔子的记载加以发挥，再记下详细的内容，就有了《左传》《公羊传》《穀梁传》这三传。

从传心法讲到孔子，孔子用一段话讲自己心性的修养，你们注意哦，心性修养很难，不像佛家、道家讲打坐、飞升，没有这个事。孔子一辈子做学问，他说："吾十有五而志于学"，十五岁就晓得立志了。孔子是个孤儿啊！生活环境很可怜的，年轻时很辛苦，父亲早逝，家里很穷，什么最苦的差事他都干过。圣人是从苦难中磨炼出来的，你们诸位太幸福了，每个孩子都是皇帝，都是公主，哪有这么好的？我小时候都没有经历过这么好的生活，我也是自己磨炼出来的啊！同样的道理，孔子说，"吾十有五而志于学"，十五岁立志求学，"三十而立"，到三十岁确定了学问、人生的道德修养是这个样子，真正站起来。

从十五岁到三十岁，这十五年间，孔子痛苦得不得了，所以他说自己三十而立，这个人生磨炼出来的学问，在三十岁确定了。"四十而不惑"，三十岁确定做修养的学问、磨炼自己，有没有怀疑？有怀疑，摇摆不定的。自己生活的经验，有时候明明做了好事，却得了很坏的结果，很受不了；有时候心里反动，就要发脾气了。所以古人有两句话，"看来世事金能语，说起人情剑欲鸣"，这两句话怎么讲？看来社会上只有钱会讲话，大家只要送钱就好了，拿钱给人家就一切好办，"看来世事金能语"，要做官拿钱去买。"说到人情剑欲鸣"，讲到人的心理啊，刀剑就要拿出来杀人了，世上人心太坏了，会气死人的。我引用这两句话是说明孔子三十而立，再加十年用功做人，十年读书，十年修养，"四十而不惑"，才决定要做一个好人，不能做坏人。虽然"三十而立"，但看法还会有摇摆，可见修养之难啊！

四十而不惑，再加十年做人做事，"五十而知天命"，这才晓得宇宙观、晓得人生命的意义和价值究竟是怎么一回事。我们人怎么会生出来？人为什么生来是男是女？为什么在同样的环境，每人的经历统统不同？为什么有的人一辈子很享受，有的人永远很痛苦？这里头有个道理，"五十而知天命"，换句话说，孔子讲自己到五十岁才晓得宇宙万有有个本能的因果规律的作用，都是十年十年的磨炼。

再加十年的修养磨炼，"六十而耳顺"。我们小的时候读书，老师讲的也听不懂，同学们讲笑话，什么叫耳顺？有同学告诉我，孔子以前大概耳朵听不见，到六十岁挖耳朵挖通了，这是小时候同学们讲的笑话。其实，耳顺就是看一切好的、坏的，听人讲话对的、不对的，听来都很平常，都没有什么，就像做饭一样，修养的火候到家了，好人当然要救，坏人更要救，这是耳顺，"六十而耳顺"。

再加十年，"七十而从心所欲不逾矩"，得道了。你们现在教孩子们读古书，看看孔子几十年的修养，到七十以后，他真正的大彻大悟了，就是这么一个过程。

大学提出的方法

我现在为什么提到孔子一生的修养呢？他死后，继承他心法的弟子是曾参，曾子作了一篇文章叫《大学》，我前些年出了一本《大学微言》，就是讲这个。现在好像很多人提倡读古书，今天有家长带来一本书，叫什么《私塾手册》，里面收录我讲的话，但我根本没有讲过，这是不对的。而且现代人为什么要提出私塾两个字啊？这很奇怪。要知道我们推翻清朝到现在只有九十几年，还差两年到一百年。这是把历史分一个阶段，因为民国元年以前都是帝王政治。

推翻清朝以后，民国元年开始，我们学西方文化的政治体制、教育体制，成立了教育部，把所有的教育由国家包办，推行普及教育。所以学校是国家办的，如果私人家庭办学，就叫"私塾"，政府会干涉你。过去没有"私塾"，私人办学叫"蒙馆"，"私塾"是学西方文化体制改制来的通行名称。中国过去几千年的教育，政府没有出过一毛钱，都是老百姓自己家里开"蒙馆"教出来的，不用登记申请，因为政府不干涉，而社会公认、许可。现在为什么写一本书叫作《私塾手册》，为什么要跟时代来对立？妨碍自己干嘛呢？这个不通嘛，从书名就不通，还乱出书，会害死人的。而且还说引用了我讲的话，我没有讲过私塾了不起的话啊！我虽不同意现代教育的体制，但现在我也在搞教育，可是我有遵守时代法令，登记备案的啊！我们自己的国家、自己的政权，不管这个政权怎么样，将来交给历史去评论就好，我们做当代的人，就要遵守当代政府的法令，遵守当代社会的规则，要改变也是慢慢地改变，非办私塾不可是行不通的。而且，现在儿童读经也在乱读，把孩子读坏了。

现在我们回过来讲曾子。曾子受孔子的教导，著了一本书叫《大学》，你们都读过的。大学是大人之学、成人之学，就是讲身心修养，这就是中国教育的基本。我常说我们这一百年来，教育没有方向也没有目的，究竟想把我们的孩子教成什么样子？没有一个方向，没有一个目标，方法也有问题，所以我们要重新思考。像《大学》这一篇，就确定了中国教育的目的和方法。什么是教育的目的？就是教做人；做人从什么开始？从心性修养开始，做一个堂堂正正的人。

"大学之道在明明德，在亲民，在止于至善"，这是纲要，明德、亲民、至善，古人叫"三纲"。下面修养的程度有七个阶段，"知止而后有定，定而后能静，静而后能安，安而后能虑，虑而后能得"，这个"定"不是讲静坐，不必盘腿，随时站在那里也好，坐在那里也好，在生活行住坐卧四个形态之间，就是修养心性的定。"知止而后有定"，知止，有定之后呢？"定而后能静，静而后能安，安而后能虑"，才能发生智慧，"虑"是自己内在的智慧，"虑而后能得"，得到什么？得到"明德"了，大彻大悟，见到生命的本来面目，曾子把这种心性修养的成就称为"明德"。所以《大学》里头讲，"自天子以至于庶人，壹是皆以修身为本"，这七个阶段就是学问修养的程序。

注意"知"跟"止"这两个字，人一出娘胎就有个知道的作用，譬如婴儿生来，肚子饿了就晓得哭，要吃奶；冷热过分了，他也晓得哭，这个知性是天生的。但是"知止"，注意哦！知止并不是说把能够感觉知觉的这个作用停止了，这就错了，是要自己引导知性向一个最好的路上走，选定一条心性宁静的路给自己走。

第二堂

你们诸位最多不到五十岁,在我的眼中是年轻人,就算超过五六十岁的人我也叫他是年轻人,六七十岁是生命中最好的年龄,我想你们大多更年轻一点,因此我就很直地跟你们讲话。

社会文化变乱的时代

你们诸位家长跟我一样,命不好,生在这一个时代,一个社会文化都发生大变乱的时代。尤其在我们中国,是几千年未有的巨变,旧的文化打倒了,新的文化还没有建立,是很痛苦的一个时代。现在的你们所感觉到的麻烦痛苦,不如我的深刻,我是从小看到现在。所以我说自己经过了五六个阶段,一切看得很清楚,但很不幸的我还活着,活在九十多年的忧烦痛苦中,看自己的国家,看自己的民族,总是希望自己的国家民族走上最好的一条路。

我们在这里办了这个太湖大学堂,实际上的目的是沟通,沟通什么?沟通东西文化,东方与西方,把西方科学与中国人文的文明相结合。我们这一百年来的文化是输入的,都是从外国搬进来的,用得对不对,不知道。几十年前我就说过了,从我开始,中国文化要输出,向外传出去。至少你们有机会在这里碰到,有些外国的著名学者,都来这边找我,这是文化的出口耶!过去我们中国人崇洋媚外,对外国文化崇拜得不得了;你们现在也一样,也都想要孩子们出国念书。可是你看这一批外国有名的老科学家、学者却来找我,实际上他们是来找我们的中国文化,想带回去融入西方,挽救人类社会。你们这次刚好碰上几位,在这里是常有的事。我说这些话的用意,是说中国人要自强,自己的文化断根了,要怎么去建立?这个题目太大了。

现在我看诸位,你们还是年轻人,都寄望儿女的教育好,记住我前面讲过的话,不要只是望子成龙、望女成凤。你们现在都只生一个,娇惯得不得了,已经害了孩子。你们的孩子在这里,你们是家长,我们等于一家人,我讲句在外面不大好讲的老实话,我寄望的是后一代能站起来,这一代是没有希望了。但是,我们这个愿望是不是做得到,不知道。所以我认为现在不单是孩子教育的问题,家长更要重新受教育。我讲话很直,请大家深刻了解,不要只是望子成龙,不要只是望女成凤。你们每个人心里都觉得自己的孩子了不起,要好好培养。我不是讲过吗,做父母有个错误的观念,把自己的缺憾、一生做不到的事,都寄望在下一代身上,这是一个罪过,不可以的。

让孩子能自立

我的经验告诉你,对孩子们不要这样溺爱,举一个小的例子给你听。中国商业发展到今天,在历史上有名的大商人,一个是晋商,山西的票号很有名,第二个是安徽的徽商,扬州是安徽徽商的天下。从古代到现在,徽商对文化、工商业发展的贡献,可说是第一位。你们没有研究,也没有看过这类书籍,中国有十大商帮。讲到做生意,徽商是第一,晋商是第二,宁波是近代的,江南有龙游商帮,广东有广东商帮等,这十大商帮大大影响中国的经济。安徽的人不止对经济财经的发展有贡献,对中国文化也有贡献,尤其是安徽的妇女。你们家长之中妇女很多,我常讲中国文化能够维系五千年，是靠家里有一个好太太、有个贤妻良母，不是靠我们男人。现在我简单跟你讲一个例子，就是安徽妇女的贞节牌坊。贞节牌坊以前在中国是了不起的，现在留下来的在安徽最多，家庭中的妇女为中国文化挑起了担子。

说到安徽人，我们经常说笑话，我的朋友很多，各地都有，看到湖北人：哦！你是九头鸟啊！开玩笑的，九头鸟不是骂人，是讲湖北人了不起（因为明代有个时期出了八九个耿直的大臣）。我说十个九头鸟抵不过一个江西老表，十个江西老表抵不过一个九江佬，十个九江佬抵不住一个安徽老母鸡，这是讲笑话，民间的笑话是真话。

安徽朋友告诉我，安徽人很辛苦啊，对自己出身很感慨。你注意听，重点在这里："前世不修，生在徽州，十二三岁，往外一丢。"古代的孩子是这样，父母对孩子用心培养，忍心把十二三岁的孩子送出来当学徒，绝没有像我们现在父母对孩子这样溺爱。我当年也是这样。像我十九岁离开家，十年后抗战胜利才短期回家，以后至今再没有回去过啊！也没有靠兄弟父母朋友的帮助，都是自己站起来的。一个孩子要自立，只要希望他有一口饭吃，不要做坏事，出来做什么事业是他的本事与命运。

你看安徽的朋友，十二三岁就去做学徒了，跟着学商，到外地发展；长到十七八岁或二十岁回来，家里给他订婚了，旧时订婚男女不必见面的。讨了老婆，过个一两年又出去了，出去七八年，甚至十来年才回来一趟。所以，安徽的男人对这些好太太都非常感激，老了为她修个贞节牌坊。

我也是十八九岁自己混出来的，我不是伟人，你看那些伟人们都是自己站起来的，没有什么教育，都是自学出来的。我再一次跟你们讲，不要只是望子成龙、望女成凤。现在讲爱的教育，中国古文有一句话，"恩里生害"，父母对儿女的爱是恩情，可是

"恩里生害"，爱孩子爱得太多了，反过来是害他不能自立了，站不起来了。

现在没有时间，简单明了四个字，"语重心长"。你们不是要读古书吗？教孩子们读经，你们自己先要会。我以前讲话，只要说我这一番话是"语重心长"四个字就完了，不要说那么多。话讲得很重，很难听，我的心都是对你们好，希望你们要反思。并不是叫你们不要爱孩子，哪一个人不爱自己的儿女啊？我也子孙一大堆啊！我让他们自己站起来。

大家晓得我的孩子有在外国读书的，有一个还是学军事的，是西点军校毕业。不是我鼓励他，也不是我培养他，他十二岁连 ABC 也不认得就到美国去了，最后进入军事学校。他告诉我："我不是读军事学校啊，我是下地狱啊！"我就问他说，那你为什么要考进去呢？他说："爸爸啊，我离开家里时向祖宗磕了头，你不是说最好学军事吗？我就听进去了。街上的西点面包很好吃，所以我就想到读西点军校。但是好受罪啊！"没有办法，他也是自立的啊！要靠自己努力才能奋斗出来的。

洒扫应对的生活教育

话不要说长了，现在你们大家都讲读经，讲老实话读经是我发动的，悄悄推广开来，因为中国文化的根根断了，想把它接上去，到现在二三十年了。初期是李素美老师跟郭姮晏校长她们到全国各地去推广的，送书给买不起书的家庭，提倡读经，《千字文》《三字经》啊，是这样开始的。一般人搞错了，以为我们提倡读经，事实上我们是主张读不起学校的贫穷孩子，在家里自己学，中文、英文、数学，一齐来，并不是要中国专出诗人。现在到处提倡读经、办私塾，这是错误的，读了经什么学校也不进，科学也不知道,孩子只要会背《大学》《中庸》《千字文》《三字经》《弟子规》啊,就觉得了不起了。这不得了啊!我们没有提倡这个,这叫读死书,死读书,读书死,一定糟糕!

像我们这里,读经也很重要,但是要配合现代的教育一齐来的。你看我们有好几位教外文的老师,孩子们日文也会一点,英文也会一点,这些都要会,我们没有光提倡读古书啊!现在外面提倡,你们千万不要犯这个错误,这样搞,孩子以为自己书读得很好,其实什么都不懂。

教育的目的在生活,孩子来我们这里,先教怎么穿衣服,怎么洗脸,怎么端碗,怎么吃饭。现在的社会,连大人们都没有这些规矩了,鞋子乱丢,东西乱放,自己都成问题,怎么教孩子呢?譬如我们这个地方,前一次办活动来了一两百人,我那个孩子也来了,我走了几圈,碰到他三次,就见他在那里团团转,拿个吸尘器到处吸,说这里的人怎么那么不守规矩啊?地上都是脏的。他看到哪里吸到哪里。我说你不要这样啊,在这里搞不完的。他说他实在看不惯,我说这是生活教育没有做好,鞋子乱丢,垃圾乱丢,穿衣服没有规矩,做人也没有规矩,讲话没有礼貌……这些都是儿童教育最重要的。所以中国文化讲教育啊,小时候的重点在"洒扫应对",这是古文了。你们希望孩子懂古文,你们自己先要会,洒扫应对是生活,早晨起来要怎么样扫地,怎么样清洁房子,等等。

像这里有位大老板,他大学一年级的时候来我那里,要求参与听课。我不准他参加,因为他上的是最好的大学。我说你好好地去念大学吧,到我这里干什么?他说:我已经考上在那里读书了,我到你这里来是学文化的。我说要交学费,学费很高的。他说他没有钱,还有别的办法吗?我说有啊,你在这里打工,因为我晓得考取名校的那个傲慢心理。他答应了,说:"好啊!"就来打工。

他一来，我就让他去洗厕所，洗完了，我亲自检查，跟他说这个厕所没有洗干净。他说马桶里刷不到，我就用手去掏给他看，他一看就傻了，问我：老师啊，你是这样做的吗？我说清洁卫生就是这样做，尤其这一班人乱七八糟，烟头都丢在这里，卫生之乱，你用水冲不掉的。还有洗茶杯，我说这个玻璃杯也没有洗干净。你们洗茶杯，放在水龙头底下这么一冲就好了，茶杯最脏的是嘴唇这里啊！要把这一圈洗干净，洗好还要对着光照一照，看看干净了没有。他现在是上市的大公司的老板，学位也读到外国名校的博士，在我面前他一样给人家倒水，他是接受这样的教育的，这叫"洒扫应对"。

孩子们主要要教他们学会谋生的职业技能，不是读名校，读名校出来又有什么了不得的？那个我们看得多了。生活的教育最好从家庭做起，尤其你们是家长，教孩子更要注重生活的教育。你们不是都读了《大学》吗？自己正心诚意，修身齐家，治国平天下，从本身做起。这是临别赠言，我讲话很直，对不起啊，这是我所看到的现象。

学佛应以佛为师

还有，这几天学校好意，晓得你们大家心里的需要，让我给你们贡献了一点静定的方法，就是我前天讲的《大学》，根据中国儒家传统来的。你们之中有学佛的，不要乱学，我摸了一辈子，什么密宗啊、禅宗啊，我都深切参透过。为什么？我十几岁就出来，求学几十年了。譬如你们说，传授各位"心中心"咒的是大愚法师的徒孙，大愚法师是我的好朋友，他是太虚法师的弟子。抗战的时候，他在四川成都隐居。佛门早晚课诵有十个小咒，其实都是大咒。你们只学了一点，不要说自己学了"心中心"了，或者说学黄教密宗了，不要搞这一套啊！修身养性不是搞迷信的，你们要研究就好好去研究佛经，研究《楞严经》《楞伽经》啊，我写的书都有，你好好研究。

大家连书都没有读清楚，都想随便问问题，用功也没有好好上路。静定修养是修身养性之学，不要搞宗教迷信，什么禅宗啊、净土宗啊、密宗啊，这个法师啊那个和尚的，你们学佛，佛经自己有嘛，所谓佛经就是当时佛的弟子们问问题，把他的回答记录下来。佛的弟子们问佛的问题，也同你们诸位一样，自己身心修养有问题，当面请教，当面记录下来，流传后世，就叫作佛经。你如果找了什么老师，说这个人有什么了不起的修行，我不相信，你必须找佛嘛，释迦牟尼佛是各宗各派的根本上师，去看佛经嘛，不要迷信了。

我们学佛的人有一句话，南无本师释迦牟尼佛。我说东西方文化有五个老师，老子、孔子、释迦牟尼、耶稣、穆罕默德，都是我们的老师。我们学佛称佛为"本师"，根本的老师；中国人称孔子为"先师"，最初的那个老师，这个道理要懂啊。现代人常常讲，这一个得了道了，那一个有功夫，哎呀！你如果问我某某法师怎么样，我不会答复你，我只有一句话，你不要问我，大家都要吃饭。你们懂了吧？留一条路给人家走，这个话聪明人一听就知道很严重了，所以你不如自己看佛经，不要乱听，关于修行修养的方法要多去读书。

今天就我所看到的来讲，修行、学佛法，什么是佛？心就是佛，不管密宗、禅宗，最高的佛法，此心就是佛。不是这个佛像哦！我现在为什么在这个台子上摆一个佛像啊？这个是象牙佛，做样子的。为什么做样子？因为有许多学佛的人来上课，很执着，要向我拜拜。我一辈子不接受人家礼拜，因为我是一个普通人，很平凡的一个人，绝不愿意"为人师"，所以我摆个佛在前面，你拜是拜他，不是拜我，同我没有关系，是这个意思。我在这里放一个佛像，你也拜，我也拜，大家拜的是本师释迦牟尼佛。我不接受人家恭敬的，接受人家的恭敬，人家说南老师你了不起、起不了，最后自己真的起不了了，不要搞这一套。

这次很有缘看到诸位，我这些话讲得不好听，但语重心长。学校的李老师带领你们，讲到了静定，我是怕你们又走上学佛学功夫的路线了。学功夫不是那么简单的，什么叫功夫你们知道吗？我告诉你一个定义，先有一个方法，加上信心信念，再加上练习，加上时间，再加上实验的结果，这么一个程序叫作"功夫"。并不是说学会了某个秘密的法门，明天就能够成佛得道，不是那么简单的，等于你读书一样。

你们家庭都很好，生活无忧，尤其是妇女们，回去要研究，怎么样建立一个融合新旧文化的家庭。至于孩子们的教育，放心，你们的孩子们都很好，将来孩子的前途，他做圣人也好，做英雄也好，靠他自己成长。

四

对学生家长讲话

二〇一〇年一月廿五日至廿七日

第一天

诸位请坐,不要客气。

人老了一切都糊涂,这一句话是笑我自己。我们为了中国后一代的教育,所以在太湖大学堂办这个国际实验学校,实验我们儿童教育的理念,是希望承先启后,继承自己中国文化的精华,并吸收西方各地文化的精神,建立一个新的教育风气,以开启我们后一代的兴旺太平。

因为郭校长他们很热诚,从上一次开始,办了父母跟孩子的亲子活动,我都赞成,这是好事。那么这次又办活动。不过现在一听,发现原来诸位是对打坐修养身心这一套有兴趣,这是个很严重的事了。全世界只要讲到修身养性的道理,都很容易迷到人的。我怕大家走错路,今天又对郭校长说,我以为这个亲子活动只是关于父母跟孩子教育的,结果牵涉大家个人的身心修养,这当然也是一个重大的教育问题,但你搞大了,麻烦也大了,因为这个问题很严重啊!

我年纪大了,直话直讲,我认为现在的教育出问题,不在孩子,而在家长。对不起,先请大家原谅,我这个人讲话很直爽,我认为现在中年以上的家长本身就有问题。我们中国近一百年来,传统文化被自己推翻了,又被西方的科技工商发展弄迷糊了,整个国家上下近一百年来很茫然,教育也好,人生也好,没有方向了。现在是跟到利益跑,唯钱主义,有钱就好。我们居然走上这样一条路线,真是非常严重的问题,但也无可奈何。

我发现大家有个错误观念,以为南怀瑾是个学佛打坐搞修道的人，想跟他学一点修身养性，如不能成仙成佛，也至少祛病延年。这个观念错了，不是这样一回事。我从昨天晓得以后到今天，就自己反省，我太马虎了，郭校长他们太热诚了，这活动本来是个好事，可是搞严重了。

请注意两本书

大家真的要学，就千万不要认为这一套是长生不老之学，什么健康长寿、成仙成佛，不要存这个希望。我活到九十多岁，一辈子都在找，也没有看到过仙佛。那么，有没有这回事啊？有，但是找不到。

仙佛之道在哪里？今天正式告诉大家。我的著作很多，大家要学修养身心，重点是两本书，请诸位听清楚，一本是《论语别裁》，讲圣贤做人、做事业的行为。书名叫作"别裁"，是我客气谦虚，也是诚恳真话；我不一定懂得中国圣人之道的传统，不过是把我所了解的解释出来，其中有许多解释与古人不同，有的地方推翻了古人，很大胆，因此叫作"别裁"，特别的个人心得。譬如一块好的布，裁缝把它一块一块裁剪了，重新逗拢来做成衣服。我在序言里也讲到，我不是圣贤，只是以个人见解所了解的中国文化，做人做事是这样的。所以，你不管学佛修道，先读懂了《论语别裁》，才知道什么叫修行。

现在有个流行的名称叫"粉丝"，据说外面我有很多粉丝，其实都是假的，他们自欺欺人，我也自欺欺人，他们连《论语别裁》都没有好好看过，好好研究过。因为我这一本书出来，之后外面讲《论语》的多起来了，各个大学都开始讲《论语》，我也很高兴。《论语》真正是讲圣贤做人做事的修养之道，也就是大成至圣先师孔子的内圣外王之道。孔子是中国的圣人，在印度讲就是佛菩萨，在外国就叫作先知，在道家叫作神仙。可是儒家的传统上，只把大成至圣孔子看作是一个人，不必加上神秘外衣，他就是一个人。

《论语别裁》是我很重要的一本书，另一本非常重要的是《原本大学微言》。诸位如果说对我很相信，请问《原本大学微言》读过吗？不要说读过，翻过吗？看得懂吗？要问打坐修行修养之道，《原本大学微言》开宗明义都讲到了。

今天我仔细反省的结果，不要给大家一条错误的路线，因此我叫郭校长发给大家《大学》的这一篇，你要先把这个搞清楚。我从八岁起就读《大学》了，从这个宗旨来讲，佛的道理不离它的。

（师朗诵）"大学之道，在明明德，在亲民，在止于至善。知止而后有定，定而后能静，静而后能安，安而后能虑，虑而后能得。物有本末，事有终始，知所先后，则近道矣。"这是第一节，要会背，你们教孩子要会背，自己也要会背。每个人朗诵着读，不是唱给人家听，朗诵的时候自己要晓得。

大学之道是大人之学。中国古代的传统，周朝以前的教育是八岁入小学，到了十八岁由童子变成大人了，开始教大学，教你如何做一个人。

三纲——明德　亲民　至善

我刚才读的《大学》第一节有三个纲要，叫作三纲："大学之道，在明明德，在亲民，在止于至善。"怎么解释呢？我们几千年来很多人解释这一本书，在中国文化中，它是内圣外用之学，由一个普通人变成圣人，就是超人，超人就是仙、就是佛了嘛。但儒家不加宗教的花样，仙啊，放光啊，神通啊，都不谈的，只是说如何做一个人。大学之道，在明明德。什么是明德呢？明德就是得道；明德以后去修行，起行，做济世救人的事就是亲民；止于至善是超凡入圣，变超人，天人合一了。这是讲从一个凡人成为知道生命来源的圣人的三个纲要，叫三纲。

大家要学佛，对不起啊，我请问一个问题，不是质问，是请教。哪一位朋友简单明了告诉我，什么叫佛？想学佛嘛，佛学要懂哦！先要知道什么是佛。自觉，觉他，觉行圆满，叫作佛。"佛"在印度文叫Buddha，现在的翻译叫佛，老的翻译叫佛陀，也就是我们唐朝的音，意思是明德、亲民、至善、自度度他、自利利他、功德圆满、智慧成就。不懂这些基本原理，一味盲目地打坐修行，你成个什么佛啊？

"自觉"是自悟，自己悟了，所谓证得菩提就是悟了，找到生命的根本；"觉他"是度一切众生。在《大学》呢？明德就是自觉；亲民就是觉他；自己悟了，证得菩提，行为、功德做到度一切众生，利益大众，这些都完成了，止于至善，这样叫作觉行圆满，就是佛。换句话说，自利，利他，功德智慧圆满，就是"大学之道，在明明德，在亲民，在止于至善"。所以，佛学跟《大学》所讲的一模一样，不过大家不懂得自己的文化，中国本来就有的啊！讲佛也好，神仙也好，都离不开它的范围。自己没有中国文化根本的基础，想去成仙学佛，搞打坐，那是干什么呢？自误误人。

不过反过来讲，学打坐也对啊。他说大学之道，在明明德，怎么明呢？道怎么得呢？怎么明白生命的根本意义呢？"知止而后有定，定而后能静，静而后能安，安而后能虑，虑而后能得。"这不是都讲得明明白白吗？就此一路过来得到那个明德，得道了。好！你看他的方法，也就是打坐的方法，"知、止、定、静、安、虑、得"，一共七步功夫，七证。所以，后来佛学说修禅定，这个禅定的翻译就是从"知止而后有定"来的,用《大学》的啊,所以禅定,也叫作静虑。

这一段,大家要背来。"大学之道,在明明德,在亲民,在止于至善。知止而后有定,定而后能静,静而后能安,安而后能虑,虑而后能得。"这个修养功夫的程式,也就是求证大道的学养步骤,都跟你讲完了,一步一步,就得到道,得到明德了。这是讲内圣之学,自己内在的修养功夫。

八目——八个方向

跟着三纲还有八目,就是八个方向。怎么样能够达到打坐功夫的境界,达到圣人的学问和修养的程度呢?"致知在格物,物格而后知至,知至而后意诚,意诚而后心正,心正而后身修,身修而后家齐,家齐而后国治,国治而后天下平",这叫八目,格物,致知,诚意,正心,修身,齐家,治国,平天下,八个大项目,大方向的外用之学。

这一段内容,你可以当成咒语念,是真的哦!我书上提到过这个故事,现在讲给大家听一下。

我年轻的时候同大家一样,到处求师,求神仙,拜菩萨求佛,要修行,找门路。当时去大后方,经过长江湖南的边缘地带,有一派修道的人,里面有个神仙,徒弟很多,据说有神通,本事很大,很多人生了病找他,他会画符念咒,拿一杯水,嘴里念,手在水上画,喝了病就好了。真厉害,好像小病都喝好了,我心里想,这是什么咒啊?是不是出家人的观世音菩萨大悲咒啊?所以我非拜门不可,非求这个法门不可,磕头花钱,向他求了半天。我这个膝盖太容易了,我说骗人最好用的,一跪磕头,叫一声师父,就把他哄死了,什么都告诉你。但是,我自己一生不上这个当的，大家不要跟我磕头，我不是佛，也不是圣人，更不是神仙，我是专门给别人磕头的。

转回来讲，拜门吧，花多少钱都要学。他说"六耳不同传啊"。什么叫六耳不同传？你磕了头花了钱，过来跪在旁边，只对着你一个人的耳朵讲。先传你五个字的口诀，这个是秘密、密宗，然后传你咒语，你也会画符水给人家治病。诸位学会可以去试验啊，但是不能对外讲的，我现在关起门来告诉大家（师微笑作神秘状）。我规规矩矩跪着，原来五个字的诀是观世音菩萨，南无都不要念了。

哎哟！我一听，这个我祖母就会，我妈妈也念，还等你教我？"咒呢？""大学之道，在明明德，在亲民，在止于至善……自天子以至于庶人，壹是皆以修身为本。"就是这一套。我一听，整个心都凉了，这我八岁就会了，还要你传我这个咒？！我想我给人家念一定不灵，因为我不信嘛。

当时我年轻，学了以后笑一笑，也磕头谢师，不理这一套，拿现在讲法，这玩意儿骗人的。不过，我错了，学佛以后明白他没有骗人，为什么？佛法说"一切音声皆是陀罗尼（咒语）"，《大学》也说"意诚而后心正，心正而后身修"，我的意已经不诚恳了，所以不灵，意识一诚恳就是精神起了作用，所以大学这段话也是咒语，真话！

这是我年轻时经历的一段故事。所以，念咒子啊，找这个仁波切，那个活佛，拜哪个师父，统统都是形式，只要你诚意、正心、修身、齐家，就可以做到"致知在格物"。大家打坐，这里酸那里痛，心里根本没有诚意在打坐啊！你是在管自己的身体，想练出一个什么功夫来，意不诚呀！

那怎么叫"致知在格物"？研究这一段吧，"古之欲明明德于天下者，先治其国，欲治其国者，先齐其家，欲齐其家者，先修其身,欲修其身者,先正其心,欲正其心者,先诚其意"。注意这个意,"欲诚其意者,先致其知,致知在格物",然后"物格而后知至,知至而后意诚",反过来说了。现在我抽出中间这两段,一正一反,一来一去,要特别注意!致知、诚意这两个就是学习静坐,乃至成仙成佛、健康长寿,这是一切修养功夫的基础。

现在大家手边有这一篇吗?我们一起读一下,背一背。(指某人)你领头来念,念到天下平。

(众念)

格物　知　定

什么叫"致知"呢?"知"就是知性。诸位都是父母、家长,总算带过婴儿,我们自己也做过婴儿,当时的情况忘记了,但现在应该可以回想得起来。

我们生来就有个知性,做婴儿的时候,肚子饿了晓得哭,冷了也晓得哭,这个知性本来存在的。这个知是思想的来源,就是说,这一知,我们普通话叫天性,没有一个人没有的。当我们入娘胎,变成胎儿的时候已经有了,先天就带来的,只不过在娘胎里十个月,出生的时候把这十个月的经过忘记了。同我们现在一样,做人几十年,许多事情会忘掉,尤其在娘胎里的经过,几乎每个人都受不了那个痛苦的压迫,都迷掉了。但这个知性并没有损失,当一出娘胎的时候,脐带一剪断,知道冷暖与外界的刺激,就哭了,哇……受不了一哭叫,知性就起作用了。然后,旁边的大人把我们洗干净,用布包好,衣服穿上,喂奶,舒服一点,不哭了,都知道的。所以,饿了就会哭,就要吃,这个知性是天性带来的。

打坐怎么样叫得定啊?致知。刚才念过"致知在格物",对不对？那么，什么叫格物呢？不被外界的物质所引诱牵引，叫格物。我们的知性很容易被外界的东西所引诱的，譬如我们的身体，打起坐来酸痛、难受，身体也是个外界的物啊！

大家马上可以做个测验，当你坐在那里腿子酸痛、一身难过的时候，突然你的债主拿把刀站在前面，非要你还钱不可，不还就杀了你，你立刻哪里都不痛了，为什么？你那个知性被吓住了。身体的痛是物，何况身外之物啊？当然一切皆是外物了，所以"致知在格物"，就是不要被身体的感觉以及外境骗走。

"物格而后知至"，把一切外物的引诱推开，我们那个知性本来存在的嘛。你打起坐来，知性很清楚，不要另外找个知性。所以先把这个知性认清楚了，再讲打坐。为什么要打坐呢？知性要打坐，我想打坐；为什么来学这个呢？因为我追求一个东西。这样一来你已经上当，被物格了，不是你格物，是物格你，把你格起来了。所以"致知在格物"，"物格而后知至"，把一切的感觉、外境都推开，你那个知性清清楚楚在这里，姑且可以叫作像一个得定的境界了。

"知至而后意诚"，这时候，你那个知道一念清净的，就是知性，一念清净就是意诚，念念清净，知性随时清清明明，不被身体障碍所困扰，不被外面一切境界所困扰，也不被自己的妄想纷飞所困扰；"意诚而后心正"，什么都不要，这个就是心正；"心正而后身修"，这样我们身体的病痛、障碍、衰老，慢慢就会转变过来。转变过来以后，打坐起来当然有反应，但如果拼命只管身体的反应，就没有格物，又被物格了。这样听懂了吗？"意诚而后心正，心正而后身修"，这些都是功夫啊。要修多少时间呢？不一定的。

"身修而后家齐"，这个明天再讲，里面包括大家怎么教孩子。

修身，正心，诚意，后世的儒家称之为天人之道，天人合一。现在，我给大家讲我们中国文化本有的儒家的道理。我几十年都懒得讲，因为几十年来大家忘了根本，只喜欢看我写的那些佛经之类的书。我那些书不是弘扬佛法，讲佛经也不是弘扬佛法，是叫大家不要迷信，这一套我们自己本来就有的，是大家没有搞清楚。

中国文化讲修身养性，是身和心两个方面。静坐修心是一方面，这个要有一定的功夫才能做到；一般做不到修心的，就必须起来应用。所以，这一次我们实验学校的郭校长，与教少林功夫的王老师配合，教大家易筋经。什么道理啊？就是修身。身的方面是合理的运动，不是强烈的，强烈运动有时候伤身体，譬如西洋的运动，跑步、跳高、打球啊，有时候比较剧烈。像中国少林武当这套内养的功夫，是修身的道理。所以，有一句话"动以修身"，运动是在修身；"静以修心"，打坐是修心；"身心两健"，身体健康了，心理也健康了；"动静相因"，动是静的因，静也是动的因，动静互相为因果。

今天我们反省下来，要回转来走自己文化的旧路，就是我们中国几千年来的传统文化。给大家的这一篇是孔子传给学生曾子记下来的《大学》，是《四书五经》之一。我们当年受教育，八九岁就读这几部书，《大学》《中庸》《论语》《孟子》，都是讲内圣外用的修养之学。

前面先给大家提一点知性，至于你身体的障碍，坐起来这里不舒服、那里不舒服，对不起，要注意了！大家到了中年，身体都有问题，同我一样衰老了。小孩子年轻，身体障碍小，但心理躁动不安静；人到中年，心想安定，但身体已经不答应了。为什么不答应呢？因为大家玩了那么多年，吃喝玩乐，坏事也做得不少，好事却做得不多啊，是该受一点果报了，所以会痛一下，酸一下。那就赶快做运动,再求静坐。

先介绍《大学》这一段,大家回去要多读《原本大学微言》。找我的人多半是看佛经的,这一本《原本大学微言》出版以后,没有人提出来向我讨论;出书到现在十几年了,没有一个人问过我,你就可想而知了。这是文化的根本啊,很可怜吧!问我的都是怎么样打坐啊、前面看到光啊、下面放个屁啊,都是这一套问题。没有人问过我什么是大学之道,什么是"物格而后知至,知至而后意诚"这些内容。

今天先讲到这里,休息一下,还有王老师易筋经的课。

第二天

我们昨天晚上提到中国传统文化的根本，大学之道，同佛学是一样的。大家诸位好像学佛的很多，想打坐修行的很多，不晓得大家读了《大学》以后有什么感想？因为时间很短暂，明天只有一天，后天大家就打道回府了。我想告诉大家的太多，时间来不及，所以我们留个十几分钟的时间，大家有什么问题现在可以提一下，有什么问题没有？

（大众默然）

生死问题

我想问题很多啊！刚才我在那边，李素美老师告诉我，大家大致都想念佛，或者念咒子，念准提咒，想问的是这些问题。我一听笑了，那就说明对于《大学》还没有搞清楚。我没有答复她。李老师又告诉我，有人问，为什么古代修行的人，要死的时候，自己先晓得时间？他们生死之间，生谈不上，当然做不了主，死的时候，盘腿打坐，或者是不打坐，如何能预先知道要走？她说有人想问这一些问题，她又很谦虚地说："老师啊，我也答复不了。"她把问题留给我，把皮球推到我的手里来。

这些问题就是《大学》讲的诚意正心的道理，不管他是修佛家的、道家的、密宗的、禅宗的，修到了知止而后有定，普通都能做到"预知时至"，晓得死的时间。当然，这是指那些专修的人，多半是出家人，或者在家的老太太、老头子，而且还是女性多一点。男女有差别的：男人聪明，讲道理、求智慧容易一点；女人比较内向，讲打坐得定比男人强。男人是定差一点，女人是慧差一点。

大家现在问的是死的问题，没有问生的问题。孔子早已说过"未知生，焉知死"，你看，没有一个人知道自己怎么来投胎的，所以生死问题是两头，佛学对生死讲得最透彻了。

认清名称含义

很多人喜欢学密宗，什么仁波切、活佛，我叫大家不要迷信。说到学密宗，密宗的红教、白教、花教、黄教，我统统内行，还不止内行，是被认定有资格做上师的。但是，我不来这一套，很不喜欢玩这个形式，因为我这些都很清楚，所以才叫大家不要随便相信。

仁波切是西藏的名词，就是法师的意思，现在也称大师，称善知识。大家学密宗不要迷信。活佛是元朝开始，受中国皇帝册封的，承认这个人是前生有修行、再来投胎的出家有成就的人。封他藏文名称叫"呼图克图"，翻译成汉文就是肉身菩萨、肉身佛，换一句话说是"再来人"。中国历史上真正被称为呼图克图的没有几个人，最初封活佛的是大宝法王，元朝的發思巴是第一个，是元朝封的呼图克图。大家现在迷信，看到喇嘛就以为是活佛，我说大家是糊里糊涂，那不是呼图克图。学密宗如果随便认个喇嘛当成上师、当成佛，或者随便认一个出家人是现在佛，那是犯戒的。真的学密宗很严重哦！随便当人家老师是有罪过的，随便收徒弟也是有罪过的，随便拜人家为师也是有罪过的，是害了别人，戒律很严格。

为什么讲到这些？因为呼图克图就是生死自由的再来人。怎么叫再来人？入胎不迷，自己有意来投胎的。譬如，释迦牟尼佛来投胎，有意来的，自己清楚，没有迷；住胎也不迷，在娘胎里十个月，等于在禅堂打坐，他清楚得很，没有昏迷过；出胎也不迷，当妈妈生他的时候，出胎是很痛苦的，但他没有迷掉。佛经上讲释迦牟尼佛一出生，当下就走七步路，他一手指天，一手指地，讲了两句话，"天上天下，唯我独尊"，然后不讲话也不走路了，又同普通小孩子一样。这是有名的佛经故事，现在人不会相信的，可是真的哦。

佛法讲无我，那么释迦牟尼佛讲"天上天下，唯我独尊"，不是很傲慢吗？不是！人的生命有个本来的我，这个肉体不是我，肉体是个影像。找到生命本来的真我，就叫得道，就叫证得菩提，大彻大悟。真我是本来的我，所以说释迦牟尼佛出生的时候，已经把佛法讲完了，"天上天下，唯我独尊"。学佛的目的是找到自己的真我，不要被肉体的假我骗了，也不要被这个物质世界的假象骗了，才能生死来去自由。

谁能掌握自己的生死

如何能生死来去自由？这个问题问得太大了，那种修行是要专修的。不过我告诉你，不只出家学佛做得到，道家的神仙同样做得到，儒家的圣贤也做得到。

大家读书太少，所以不知道，以前许多在家人，如宋明理学家、儒家的人，读完儒家的《大学》《中庸》，既不学佛，也不修道，只走《大学》这个路线的。譬如有名的明儒罗状元（洪先），江西人，父子两代都是状元，他后来不做官，专走儒家这个路线，也等于出家人一样。传说他死了以后几个月，有人在别的地方碰到他，不晓得他死了，还跟他讲话："状元啊！你怎么在这里?""是啊,我来玩玩的,你家里都好吗?"两个人随便讲些客气话。结果这人回到家乡才知道,罗状元已经死了好几个月了。儒家的这种修行,有记载的也很多,这就是生命的真我修到了。

怎么修到的?就是大学之道,"知止而后有定,定而后能静,静而后能安,安而后能虑,虑而后能得。""得"就是达到这个境界,没有什么稀奇,可是要专修。那么,在家有男女关系,有家庭关系,可不可以做到呢?也可。大家读书太少,中国历史上蛮多的例子,我也看到过。我说我一辈子读书,最佩服的是乡下那些老太太、老先生,一个字不认识,诚诚恳恳做一辈子老实人。你说,阿婆啊,你这样好辛苦啊!"哎呀,你们好嘛,我们是这个命嘛。认命,命就是这样,我不苦,命不好,我的命就是这样。"就是这一点信仰、诚意、正心,而做到来去自由的很多。

最怕是像我们大家这样似通不通的,尤其现代人受的教育,似是而非的,知识很渊博,欲望也非常大。生在这个时代大家很有福报哦!你看科学的发展,有这个灯光、这个建筑,以我来讲,做梦都梦不到。我是乡下出身的,从小读书,哪有电灯啊!也没有煤气灯啊!是在三根灯草的青油灯底下读书的呀!后来天上有了飞机,那时不叫飞机哦,叫飞轮机,很稀奇啊,外国有人会在天上飞!轮船也没有见过,我是海边人,后来听到海边"呜……",全体跑出去看,是火轮船来了。我从小在最古老的生活里出来的,到现在人都上天了,到月球了,你看这一百年的变化多么大!

大家生在这个时代,知识很多,欲望烦恼更多,然后又想打坐成佛,想知道生死来去,太严重了!所以以我看来,这一代人更可怜,困在物质享受、求名求利之中,要健康,要卫生,这个是维他命,这个是维你命,这个是维我命,这个不营养,那个营养……哎呀!我们那时哪里晓得这样!大家说水要干净,我就笑，我们那个地方水就脏得很，河里头上面洗马桶，下面在洗米呢！我还是这样长大了。我就从来没有太讲究卫生，吃饭苍蝇到处飞，赶一赶就是了。嘴里骨头吐在地下，下面狗啊猫啊一起吃的，我从来没有觉得有什么不好啊。你到普通老百姓去的菜市场里看看，有些卖肉卖鱼很忙碌的老板们的小孩子，在那个阴沟上面爬来爬去玩得很开心，一脸黑黑脏脏的，但是他们长得非常健康啊！倒是大家太讲究了，反而有很多病。

这个时代的变化太大了，所以问到生死问题，先跟你讲这个。当然我也没有死，这个经验还没有。当年我们跟日本人打仗，我的一个朋友，黑龙江人，是东北义勇军马占山的一个参谋长，十九岁出来当义勇军打日本人；当时东北是日本占领的沦陷区。我说，你十九岁怎么打日本人啊？他说：恨死了！我们要做义勇军！没有枪，没有弹，我拿把斧头，三个人爬到城墙上，看到两个日本兵站在那里，到了半夜，我就拿一把斧头跳下来砍死一个日本人，再一斧头又砍死一个，两把枪拿来开始当义勇军。他非常勇敢。

然后，谈到生死问题。"我们一起带兵嘛，"我说，"你老兄，我真的很佩服你勇敢。"他说："死有什么可怕，我现在人生什么经验都有了，就是缺乏一个经验，死；我正想求这个经验。多可爱啊！我还有机会看到自己怎么死，喜欢打仗死在战场上。"当时我们一边吃饭一边谈，不是吹牛的，都是真话。最后到了晚年，他自己还是挡不住物质的诱惑。我就笑他："你带兵打仗有千军万马不怕死的经验，却受不了物质欲望的引诱。"我讲得他眼泪掉下来了。他沾了一个不好的嗜好，我要他戒掉，他不肯戒，我陪他七天七夜，把门关起来，不准他离开我前面一步，但是到最后我对他还是无能为力了。所以，能不怕生死，却不能抵挡物质欲望的诱惑，这是很严重的问题。

修行初步——诚意　正心　知止

这次没有很多时间跟大家多讲，现在回到《大学》。"知止而后有定，定而后能静……"这一段大家昨天回去都读过吧？还是不问你们吧，我假定诸位都读过了。

你们看下面："古之欲明明德于天下者，先治其国；欲治其国者，先齐其家；欲齐其家者，先修其身；欲修其身者，先正其心；欲正其心者，先诚其意；欲诚其意者，先致其知，致知在格物。物格而后知至，知至而后意诚，意诚而后心正，心正而后身修，身修而后家齐，家齐而后国治，国治而后天下平。自天子以至于庶人，壹是皆以修身为本。"中国传统文化同佛法一样，把上自天子皇帝，下至庶人普通老百姓，都看作是一个人，都要先以这个文化做根本，这就叫内养之学，佛家称为内明。

"其本乱而末治者，否矣。"没有做到这个根本学养，只求外面的知识，那是舍本逐末。换句话说，一个人没有内圣修养的功夫，却想齐家治国达到天下太平，没有可能的！所以，这些内容大家必须仔细参究，它本身就是一个大悲咒。

"此谓知本，此谓知之至也。"知，就是知性，刚才大家问生死问题，我讲世界上有些修行人，预先知道自己死的时间，这叫作"预知时至"，这就是知性问题。知性修养好了，打坐功夫有定力了，知性就清明；知性清明诚恳，意诚了，一念专一就会有神通。儒家《中庸》也告诉你可以有神通，"至诚之道可以前知"，达到诚意正心，什么都可以预先知道了。

先大概答复一点刚才李老师代表大家问我的问题，但我今天来，跟大家讲话的主要目的不是这个。我有一本书，昨天讲过的《原本大学微言》，大家都说看我的书，都喜欢学佛打坐，如何盘腿修行,这个是末,不是本,本是"修心养性"四个字。儒家讲修心养性,学佛的叫明心见性,道家神仙叫修心炼性,都是一个道理。我写《原本大学微言》,讲一个重点的问题,大家回去找这本书看一看,这些修养功夫都在上面,我讲如何知、如何诚意、如何修身,花了很大的精神。

保持文化的女性

我这本书又有个重点,是批评中国三千年的帝王朝代,以及现代人讲的民主自由问题。我还提出来,中国文化得以保持三千年,很大程度上有赖于女性,这个很重要了。

大家没有好好看我这本书。一个家庭有个好主妇、有个好妈妈,才可以讲齐家之道。男人是英雄,征服了天下就做皇帝,但把这些皇帝的账算一算,除了周朝的天子,周文王一家,没有几个好皇帝有好家庭的。秦以后,汉、唐、宋、元、明、清,大家可以翻开历史来对证看看。不过,中国历代都有好的主妇,所以讲到中国的教育,齐家之道,母教最重要,有个好的女性很重要。像影响我很大的是我的祖母和我的妈妈,当然父亲影响也大,但是不及我的祖母跟母亲。现代女性教育很普及,可是女性反而很难做好贤妻良母,将来就更难了。所以,我在《原本大学微言》中,把历史上这些王朝以及家庭,大概拿来批判一番,是为了让大家知道母教的重要,女性的重要。

大家学佛,虽然读书不多,但念过《金刚经》吧?佛是转轮圣王,转轮圣王就是治世的帝王,所以释迦牟尼佛生下来,算命看相的说,这个孩子将来长大应该做转轮圣王,统治全天下,则天下太平;如果不做转轮圣王就要成佛。成佛是干什么呢?走教育、教化这一条路线,也就是师道。

中国文化三个道路，一个是师道，做老师教化、教育，是超然的；一个是君道，做治世的转轮圣王，那是好的帝王，不是普通的领袖；再一个臣道，做个好的宰相，辅助圣君使天下太平。君道的转轮圣王是非常重要的，第一个条件就是要有个好太太；转轮圣王有七宝，第一宝就是女宝，好的夫人，这太难了。所以，我写《原本大学微言》提出来，中国这么多皇后，算是好皇后的，第一是朱元璋的太太马皇后，第二是刘秀的太太阴丽华，当然唐太宗的皇后也不错。所以，齐家之道是最主要的，要有好的教育。但要做到齐家是非常难的，我预言过，二十一世纪起，不止中国，整个世界都没有婚姻制度了，将来都是拍拖一下就好了，没有家庭了。

齐家之道在女性，因此一个家庭要有一个女性主持。不止中国，你看十九世纪以前，西方的法国、德国、意大利，还有美国、英国等也都有好主妇啊。可是儒释道三家，以及天主教、基督教都是重男轻女的，包括佛教在内。佛教说女人不能成佛，我不认同，佛经上明明说过有女人成佛的啊！又说女人不能出家，我也不认同；即使释迦牟尼佛现在再来，我还可以跟他讲，这个怎么搞的？你可以方便说，但不要搞错了。诸位，现在整个人类社会已经在变了，时代女性受了教育以后，所谓"男主外，女主内"做不到了，贤妻良母也做不到了。未来没有家，也没有夫妻制度，生活都乱了。所以，女性的教育，与带孩子的关系问题，实在太严重了。

家庭教育的重要

大家都希望对后代好，崇尚西方文化讲求爱的教育，可是对孩子不一定是爱才好哦！大家也晓得读经，《三字经》读过吧？

"养不教，父之过，教不严，师之惰"，养孩子不晓得教育，是父母的过错、罪过，所以"养不教，父之过"是针对父母，尤其针对母亲；"教不严，师之惰"，教育不严格，是讲老师的问题。

现在西方文化拼命讲爱的教育，什么是爱啊？大家现在太爱孩子了，望子成龙，望女成凤，说明没有懂得儒家的道理。《大学》上告诉我们："人莫知其子之恶，莫知其苗之硕。"一个人不晓得自己儿女的坏处，更不晓得自己儿女的缺点，因为自己被爱心蒙蔽了；一个种田的农夫，虽然自己种的稻子天天在长大，但他也看不出来。所以，爱心太过，反而会害了孩子。其实，孩子的缺点就是我们的缺点，这是基因遗传来的。教育要靠自己的智慧，想要孩子好，不是光有爱心，一味地偏爱，光知道原谅孩子；孩子发表意见，可以有他的自由思想，但不是完全绝对自由。因此教育的问题不要完全寄望于老师或学校，而是要寄望在自己身上，寄望在自己的家庭上。

中国的教育从胎教开始，这已经给大家讲过了，佛家同儒家讲得一样，一个孩子在娘胎里就要开始教育。《礼记》里早有记载，依照中国上古的道理，女性一怀胎，习惯就要改，看的书也不同了。其实，胎儿在娘胎里三个月，已经知道事情了，五六个月以后，父母吵架等种种行为，好事、坏事，他都清楚知道，这是知性，意识已经成长，不过他出生就忘记了，可是那个影响染污得很深。所以中国文化教育是从胎教开始，父母两个的意见，一切言谈、行为，不断地影响孩子，这种影响就是教育，就是我讲《大学》的齐家之道，是要靠我们自己，靠自我内圣的修养来完成。

顺便讲二三十年前我在台湾遇到的一件事。我的一个学生从师范大学毕业，去做老师了。有一天他回来跟我讲教育的困难，他说亲自看到有个孩子在学校里爱骂人，国骂。所谓国骂，台湾当时术语叫三字经,即"他妈的"三个字,连对老师说话也是"他妈的",对校长讲话也是"他妈的"。这个老师受不了啦,跑去访问他父母。他父亲出来,刚开始还非常客气,一坐下来就把大腿裤子一拉,袜子一脱,一边抠脚一边说:"老师啊,对不起,他妈的我儿子实在不好,我对儿子说:他妈的,你是不是在学校骂人啊?"儿子对父亲说:"他妈的我没有骂人啊;他妈的我现在就骂人了;他妈的我现在没有骂啊。"这个老师赶快拔腿就跑了。原来他家里就是这样,父子两个,你一句"他妈的",我一句"他妈的",都觉得没有骂人啊!这就是教育。所以,大家寄望学校来改进教育影响孩子,很难。

教育从胎教开始,孩子的生活行为与父母家庭的教育关系太大了。譬如一对父母都忧郁内向,那个孩子在旁边长大很难受啊。后来我告诉我的学生说:"我有经验,我父母都非常好,是了不起的父母,可是有一次我在书房里看书,我父亲跟母亲不晓得什么事吵架了。我难得听到他们两个人吵架,那时候我还很小,记得很清楚,他们吵得很厉害,我正在看书看得痛快的时候,看到父母两个吵架,一下子火来了。我往吵架的父母两个中间一站,说:'不要吵了,你们两个人吵什么东西!'当时是莫名其妙,我自己也不知道怎么发了这个坏脾气,就站在中间两手一拦,对父母好像对普通人,吵什么!我父亲是非常严厉的人,非常威严,我这样一吼,他真愣住了,瞪着眼睛看我,讲不出话来。我母亲也不敢讲了,把背转过去,两人就不吵了。"

当天晚上,我父亲告诉我:"你长大了,现在你犯错误什么的,我不会打你了,只给你讲道理。"他后来对我讲话态度非常慈悲,也非常庄严。听了他这样讲,我眼泪也掉了下来(师讲到此处,音声哽咽)。现在我讲到这一件事,好像回到当年与父母相处的情景。当时我眼泪掉下来,不晓得为什么,觉得是很严重的一个问题,心里讲不出一个道理来。我的父亲看见我掉眼泪,他笑了,过来帮我把眼泪擦了,说:"去读书,好好看书去,没有事。"我这个话就说明家庭教育的重要,父母的行为,会影响到孩子。

西方教育方法讲爱,但教孩子不能完全单纯靠爱心哦!我们的古书里有一句话要记得,四个字,"恩里生害",父母的恩情就是爱,过分的恩情、过分地爱孩子,反而会害了孩子。该严厉的时候严厉,不该严厉的时候用爱,这是讲齐家的道理,有诚意,有正心。我想告诉诸位,不管是做家长还是做老师的,都不要过度偏向于爱的教育,也不要偏向于严厉,而是要先检点自己,反省自己,这个就是大学之道,"致知在格物"。

下午郭校长过来说:太老师啊,我原来认为《大学》"致知在格物"的格物,是对于物理这个东西要把它弄清楚,我昨天听了您讲,才晓得错了。我说,你这个思想同王阳明当年读书时一样,王阳明那么了不起的一个大儒家、大哲学家,年轻时对于《大学》的"致知在格物",也是你这个观念。你看王阳明的传记,他为了这个"致知在格物",怎么格啊?他是浙江虞姚人,拿个竹子放在前面,对着竹子研究格物。格了很长时间,非常用心,研究得吐血了,他才晓得错了,格物不是这样的道理。

达摩与格物之道

格物之道是什么呢?除了佛法,我们儒家传统的这个东西真的很了不起,但是五四运动,大家推翻了传统。其实几千年前,佛学过来以前,儒家就搞得很清楚,"致知在格物",就是《楞严经》上讲"心能转物,即同如来"一样的道理。

修行上,"致知在格物"是什么呢?就是达摩祖师告诉我们,禅修的时候,"外息诸缘,内心无喘,心如墙壁,可以入道"。注意这四句话:"外息诸缘",把外面物质世界的一切引诱、一切情绪都潇洒地放下,就是格物了,不被引诱;"内心无喘",不是不喘气的意思,是心念知止而后有定,到诚意就是无喘了,呼吸也跟着自然静止;"心如墙壁",到此时,好像内外分离,外物影响不了内心了,就是初步的格物;"可以入道",如此打坐修行,慢慢深入进步,就可以入道了。

此前大家问念佛、念咒子的问题,关键在诚意、致知。如果念一句佛号南无阿弥陀佛,把其他杂念妄想都清净了,就是初步的致知格物,念咒子也是同一个道理。

先休息一下,明天有时间我再给诸位做报告,希望大家先把《大学》这一篇好好背下来。

第三天

这三天大家都辛苦了！我感觉我们学校里的人，每次举办这个活动都很紧张，因为生怕对大家的生活、身体健康、心情好坏没有照应好。最紧张、担心的是我，为什么要搞这个啊？！我给郭校长开玩笑，也是真话，我说我下一次再也不听你的了。她很热心，她妈妈李素美老师、舅舅李传洪董事长（台北市私立薇阁中、小学的董事长），对办这个活动都很热心，希望对大家有好处，又怕大家得不到好处，所以来跟我商量。开始我鼓励他们，大家做好事，可以把球丢给我，怎么丢来我就怎么接。她很高兴，说要记住哦！结果她抛了好几次球过来，我现在后悔了，今天告诉她，你以后抛球我不接了，太操心太辛苦了。

大家讲到打坐修行学佛，经常会有问题，可是很恭喜诸位，你们没有人出问题。出问题的人有发疯的、生病的，各种怪象都有，大家没有经验。我七八十年的经验，知道那是非常严重的。其实大家在这里过得还可以，我是昼夜在担心，真诚希望佛菩萨、神仙、上帝，一切圣贤保佑大家平安、得好处，所以这个心理负担很重的。

当然大家也辛苦。我原来以为是亲子活动，或者是讨论家长如何教育孩子这么一个活动，结果他们安排的内容不是这样啊，原来大家是要求身心修养，这就变成一个很严重的问题了。因此我觉得搞这一套，负担太重，对大家要负责任的，因为办学校不是做生意。

生于忧患的我们　生于安乐的你们

　　我没有跟诸位接触，但我大概总结一点大家的心理，开始来的时候很高兴，中间听得很乱，现在有一点茫然之感，不知所从。又是静坐，又是大学之道，又是达摩易筋经，美国那个同学包卓立还讲什么命运的改变，然后大家还提出来念佛啦，准提咒啦，乱七八糟的，两三天下来不晓得是在干什么。我站在诸位的立场有这样的看法，也许我的看法不对，也许大致上差不多。

　　诸位注意，这一次主要提出来的是《大学》，没有第二个，也没有多的法门。诸位都是中年人，我是老年人，而且我这个老年人，八九十年来生活在中国历史上一个变化巨大的一百年里，大家不会懂的。像我这一生，出生时距离推翻清朝没有几年，接着五四运动，然后是北伐，都在变乱，童年在天下大乱的当中度过；刚刚成长又亲历第二次世界大战，日本人侵略中国，全体老百姓都在灾难中。接着八年抗战，说是八年，前后加上十几年，那真是家破人亡，这个国家民族支离破碎；刚刚结束抗战，我们国家内部的党派意识有纷争，又发生内战。此后我几十年避世远行，漂流在外，这样一搞，我一生的时光就没有了，报销了。所以我说我这九十多年是生于忧患，死于忧患，没有一天安定过。

　　诸位不同呀，出生到现在最多也不超过六十岁，大部分三十多岁，生长在一个社会安定的时代。我常常说，不要忘记哦，因为诸位不大懂历史，我们从小注意历史，几千年来，中华民族从来没有像这二三十年这样生活安定的，你们的运气最好。

　　大家也许还是感觉乱，对时代还是不满。但是我可以告诉诸位,任何一个国家,任何一个社会,没有哪个老百姓对于自己的时代是满意的,人类社会永远是这样。中国有两句古文,就是儒家的孔孟之道,也是道家的道理,叫作"兽怨其网,民怨其上",八个字。我常常告诉做官的人,搞政治要小心啊,要懂得中国文化,古人告诉你"兽怨其网",你看养的鸟、养的狗,动物园里头的动物,多好的优待,它舒服吗?不舒服。鸟养在笼子里有吃的,但失去了自由,动物关在动物园里,并不比在森林里头舒服。鱼给人家养起来是准备杀的,鸡给人家养起来也是准备杀的,它们心里不舒服的,"兽怨其网",埋怨有个网把它圈住了,丧失了生活的自由,而且生命没有保障。

"民怨其上",这个民就是人民,现代白话就是老百姓、一般人,都埋怨他上面的人。譬如孩子们,女儿也好,儿子也好,都埋怨父母,因为父母爱他,爱他就会管他,他不自由。老百姓呢,对上面的任何一个政府、任何一个政治制度、任何一个官吏,永远都是埋怨的。任何时代,都没有什么民主自由,什么资本主义、帝王思想,都是空话,因为这是人性的问题。

你们这二三十年非常幸福;但我们近一百年的生命,经过多少波澜。刚才说由推翻清朝开始,再征讨北洋军阀,接着是党派纷争的内乱,还有外国的侵略,这样讲我算一算经过六个朝代了。我们小的时候唱的都是"打倒列强,打倒军阀,中国一定强",列强是指外面的国家,欧洲、美国、日本,看不起我们,要打我们的都是敌人。

我跟诸位生长的时代不同,所以看法有差别,思想有差别,教育有差别,文化也有差别。以这个时代的差别,一个老头子希望大家要认识自己的文化,又要与西方科技文化配合,才能了解如何能得到修养。有修养要干什么?四个字,"安身立命",身心能平安,看通一切,看明白一切,安身立命。这一次,大家讲要打坐修行，我觉得这是很严重的问题，所以我想引一个正路给大家，特别提出中国传统文化的这个大学之道，三纲八目，再加上七证，如何修养的七步功夫，如何打坐修心，佛家道家基本上也都离不开这些，事实如此啊！

大家在这里这几天当中，听了比较多的课，也许搞乱了，有茫然之感。其实不乱，是统一的，只有一个东西。所以我叫诸位把《大学》这一篇抓住，就是"知止而后有定"，"致知在格物"，注意啊，这是与仙佛之道同一的根本。

打坐念佛为什么

至于说要打坐、念佛、修行，请问为什么？诸位想修行了生死，跳出现在的世界，修成功，成仙成佛，那是远大的目标。世界上有没有仙佛？有啊，但我到现在还没有看到过。以我的决心，什么都学过了，真找一个仙佛，我觉得有问题，不要盲目迷信。所有仙佛修行之路，都是要从人道做起的。

大家都说看我的书，可是对这两本书没有注意，第一本是《论语别裁》，讲菩萨圣贤做人做事修养、行为的。第二本是《原本大学微言》，从身心上开始讲修养，到如何正心诚意，齐家治国平天下。所谓仙佛之道也就是这个根本，希望大家仔细参究清楚。

我的话是真话，不会骗你的。人没有做好，想学佛法，是错误的。我们举一个例子，大家这两天怀疑，譬如社会上学佛的，念南无阿弥陀佛，好不好呢？当然好。念佛法门同安那般那呼吸法、静坐法，配合起来更好。怎么配合呢？据我所知，李素美老师这两天也与诸位谈过一点，谈她的经验。可是大家把它连起来没有？不知道。

譬如说这个准提法,我几十年前开始出来讲,我有个准提法的仪轨,分成两个部分,一部分是生起次第,一部分是圆满次第,同西藏的密宗、原来中国的密宗,以及后来留在日本的密宗,都不一样。少数同学学了,自己还没有学好,就在外面做大师了,也许是传法的错误,现在变成外面很普遍在修这个法门,我也无可奈何。这个准提法是必须要专门修持的,所谓专修,是人出家了,直接修这个;在家也可以,但需要真正放下外缘专修,才能走上成佛之路。不过准提咒不同,不需要管吃素与否,它这个咒语的威力很大,很特别,不管你在家出家,只要诚恳地念,专心一志就得感应。

所以,不要自己乱搞,找麻烦,又迷信把修准提法当成做生意的观念,假使得了灌顶,就自以为很了不起。这没有什么了不起,只有起不了。达摩祖师有几句话告诉大家,"诸佛无上妙道",佛法是无上的大法,"旷劫精勤",不是这一生修的,是多生多世修行累积起来的;旷劫这两个字,代表多生多世所累积起来的功德。精勤,是多生多世很精进勤奋地修持,所谓精进,求得福报的成就,这才跳出了世间法,成佛。达摩祖师对二祖说:"诸佛无上妙道,旷劫精勤,难行能行,非忍而忍,岂以小德小智,轻心慢心,欲冀真乘,徒劳勤苦。"他是骂二祖,你跪在这里求法,说吃了多少年素,修行了多少年,做了多少好事,来求大法,你这是小忠小信,轻心慢心,把佛法看成这么容易啊?自己认为了不起,岂能成功?就这样骂他。

大家在现在这个环境,都很有福气,生活无忧,或者忧患少一点,比我们几十年在大风大浪中打滚好多了。像我们碰到战乱的灾难,随时准备为国家牺牲,还要去修持,那个难了,不像诸位有这么好的福气。

有义语　无义语

那我再讲一点给大家听听，譬如念佛，南无阿弥陀佛就是大密宗。世界上有两种修为的大路子，诸位不是学佛学打坐吗？所谓修持的方法，一种是有义语，一种是无义语。有义语是什么？有意思，有道理可讲，你看得懂，这叫有义语，是有意义的话；一种是无义语，没有道理的话，就是密宗，禅宗里头也有无义语。譬如禅宗说什么是佛？庭前柏树子。什么是佛？干屎橛（干的狗屎）。这个干的狗屎与学佛有什么关系？毫无道理，是无义语，你要去参究。又譬如准提咒语，"南无飒多喃，三藐三菩陀，俱胝喃，怛侄他，唵，折戾主戾，准提娑婆诃。"什么意思啊？你懂吗？再如基督教祷告，最后说"阿门"，什么意思啊？这些可以说是无义的，也可以说是有义的，但是有很深奥的义。如果你不加分别意识诚恳地念，它的功德、功效就出来了。可是大家呢？学这个密法的咒语，又求这样，又求那样，又相信，又怀疑，这不是给自己开玩笑吗？

观世音菩萨《普门品》里讲，应以何身得度者，即现何身而为说法。像观音菩萨化身二十一尊度母，有红度母、绿度母、黄度母、白度母，因为众生有这个需要嘛，有人想升官发财再成佛，有人想出家再成佛，各有各的需要，佛菩萨就化身千万，告诉你很多的无义语，让你去修，引导你，这就是教育的方法。他不是骗人哦，你修到开悟了，就懂得那个无义语的意义了，那是在没有道理的话里头有最高的道理，这就是密咒，密诀。

譬如一句南无阿弥陀佛，整个是大密咒。梵文"南无"翻过来是"皈依"，不翻过来是秘密咒。我姓南，初到台湾时，台湾的文化、佛教都很衰微，我发动鼓励一个同学印经，然后提倡起来，把中国文化带起来。当时有人怀疑我根本不姓南，说："他为什么姓南呢？因为他学佛嘛，南无阿弥陀佛啊。"我说我真的姓南，他说："我知道啦！南老师你不要骗我，你是南无阿弥陀佛的人啊。"好吧！他们讲阿弥陀佛跟我同宗，同宗就同宗吧。

那么，梵文的 Namo 翻成南无，是唐朝的音，现在广东话、客家话、闽南话，这个"无"念"某"，也是唐朝的音。闽南话"有"字发音是"无"（wu）。无（wu）啊某（mo）啊？某（mo）啊（闽南话：有没有？没有）。所以南（Na）无（mo）两个字，你念南（nan）无（wu）就错了。

刚才讲南无两个字是什么意思？皈依。先把这个有义语拿开，只有四个字了，阿，弥，陀，佛，实际上是三个字，三个音，它既是有义语，也是无义语，要是不给你翻译，你只管诚意念下去，一定得度，一定得救。

阿是开口音，梵文"啊……"整片光明起来了，阿代表什么？无量无边。弥是什么呢？弥是寿，时间。阿弥……无量寿，没有生死的，这个时间是永恒的存在。陀是光明。所以阿弥陀是无量寿、无量光，自性光明得到了，修持成就，不生不死。佛，就是大彻大悟，成道了。阿弥陀佛是这么样一个秘密，都是大科学、超科学的。

大家这些密咒学了很多，我就笑，不要学密咒了，大家不懂。譬如有些咒语，观音菩萨的大悲咒，"娑啰悉唎"，那是在下雨呀，天上甘露下来，"娑啰娑啰，悉唎悉唎"；又如念普庵咒可以超生一切的小虫，咃咃鸡呀鸡呀，咃咃鸡呀，鸡鸡咃啊，那是鸟在吃虫耶。所以佛告诉你"一切音声皆是陀罗尼"，一切音声都是咒语。

我劝大家不要搞这个，一边忙着顾生活，又想发财，又想生孩子，又想儿子做官发财，望子成龙，望女成凤，还一边念佛。

拜了佛，吃了三天素，又想上西天，又想回来买股票，买不到股票，又说阿弥陀佛不帮忙，又埋怨。这个是干什么啊？一切众生没有办法。不要浪费时间啊，除非你剃了光头出家。不过，不是出家这辈子就能修成哦，准备三辈子、七辈子，慢慢修吧！修到大彻大悟成就。

富兰克林十三条

归纳起来，教你大学之道，"致知在格物"，所以你要知啊！这样无知、盲目地去搞这一套干嘛呢？

这几天美国的同学包卓立也很发心，跟我们郭校长一样，一心想贡献大家。他很慈悲，他是美国人，也跟我一二十年了。人自己生命怎么改变自己？他昨天提出《了凡四训》改变自己，这个是修行；他又提出来富兰克林，今天也查了，富兰克林有十三条自己反省的戒律，看了很令人佩服。这个大家可以抄起来，要就抄写，不要就算了。郭校长会把资料放在学校的网站上，大家可以自己去看。

这十三条反省，合乎大学之道诚意正心的道理。所以希望大家这次回去，理解参究这个道理，就是如何修证自己，做人做事要诚意正心，朝着齐家治国平天下这样的道路走，先从自己开始做起，慢慢影响这个社会。

大家注意，刚才提到这二三十年，是中国历史上几千年来没有碰到过的太平时代，大家该满意了啊！如果大家自己不晓得保持这个安乐、太平，再糊涂乱来，可要会变乱的啊！古人有两句话，"宁为太平鸡犬，不作乱世人民"。我们七八十年都在这个乱世里头，自己修过来的，至少像我在乱世里头，自己搞懂这个道理，如何完备自己，如何坚强自己站起来。这个就是修持，就是心性修养的道理。

我内心感觉很对不起大家，郭校长他们好心办的这个班，可是我却觉得，大家在外面玩得很痛快，跑到这里受罪，搞了两三天，莫名其妙地回去，这个不是造了业吗？所以现在有抱歉、难受的意思。

我今天晚上做了一个总结论，大家回去打坐修持，需要记住《大学》中的，"古之欲明明德于天下者"这一段里头，"致知在格物。物格而后知至，知至而后意诚，意诚而后心正，心正而后身修"，要特别注意，这个就是咒语。

不过大家看了会不注意，很轻视的，因为它是有义语，有道理给你讲，有条路给你走。人很奇怪的，愈骗他，没有路给他走，他愈去摸索。明白告诉他这一条路，反而不走了。叫你念个咒子，传给你，很高兴哦，拼命修，因为无义语嘛，愈不懂，愈摸不清楚的，反而愈重视。

千万要注意，念佛也好，念咒子也好，有义语也好，无义语也好，这些秘密都给大家讲了，我几十年辛苦的秘密都告诉你了。还有，世界上有两个东西，一个自力，一个他力。学佛学禅宗是靠自力，靠自己的心理意志解脱出来，站起来；信仰宗教是靠他力，靠信心。譬如天主教、基督教、佛教、道教，世界上很多宗教，大家晓得的这几个是大宗教，实际上全人类、全世界存在的大小宗教还有几百个。印度有印度教、耆那教，各种教都有；还不止印度，基督教、天主教也分门派。信仰宗教就是靠他力，靠主宰，靠上帝，一切理由都不问。佛教也是，有时候人对自己没有信心，求一个佛、一个菩萨的他力帮助，所以念准提咒、念阿弥陀佛、念大悲咒，都是靠他力。密宗到最后也是靠自力，先从他力咒语把你带进门，最后靠自力解脱，大彻大悟成佛。所以真正到了最高处，最后都是自他不二，并不矛盾的。

咒　语

今天很坦然地把秘密都告诉大家了。譬如中国人很流行的一个咒语，就是观世音菩萨传出来的白衣大士神咒，大家现在大概都不留意。像我的母亲活一百岁，她一辈子念这个咒。我十九岁离开她，后来就没有见过面，我对她很歉然；但是她很放心，她知道我在外面做些什么，在这个大风大浪的变乱当中，我的一切她非常放心。她悄悄告诉孩子们，我在外面干什么，她都清楚。后来她一百岁了，临终以前告诉一个孙子，她说："你不知道的，我夜里睡觉，梦中有个很威严的天人，有胡子，他会告诉我，你的儿子在外面做什么，所以我很清楚，一点都不怕。"你看抗战八年，都没有消息啊！我们那边也沦陷了，不能通信，不知道生死存亡。后来国内变化，我到台湾，三十六年彼此也没有通信，但她很放心，因为她念白衣神咒。

这个秘密，是我的孩子告诉我的。我母亲原来不认识字的，她学白衣神咒的时候还问我这个字怎么读，我小的时候读书认得字，我就告诉她这样、这样。

我的太太是九十多岁去世的，她一生到临终，都念我教她的一句"嗡嘛呢呗咪吽"，最后安然放心而去了。

打坐切忌

今天是大家难得碰到的一次活动，办这么一个活动要使人人得好处、得平安，所以我心理负担真的太重了。

这里最后还有一个问题答复，今天有人说，有一位年轻朋友，打起坐来眼睛看到东西。这样的人不少，你打坐要注意。有些人有时候打坐坐好了，眼睛前面会看到东西，慢慢地看多了，会知道一些事，小事很灵，但大事不准。这有些是前生修持经验带来的，实际上与脑神经科学有关，这个气经过了视觉神经，通过眼睛可以看到东西。大家千万不要走这个路，如果普通道理不懂，光在眼睛上注意，会着魔的。最好将它关闭了，关闭就是不理，把眼睛的视力精神回过来到后脑，看空，可以关掉它。否则必然出问题，不要迷信。

眼睛为什么有这个作用呢？大家试验一下看看，眼睛注意看前面，不要眨，马上紧急一闭，前面的影像还留着吧？有没有？大家都有这个经验。其实眼睛看到前面的东西是过去的影像留在这里，这是唯物的，视觉神经发起来，然后配上迷信的观念，就变成眼睛看到影像，这不是真的眼通哦！真的眼通要明心见性，空念头以后，身体空了，所以是另外一个作用。现在答复了这个问题，好了，再见，祝大家前途无量！

（整理：刘雨虹）

五

对学校新生家长讲话

二〇一〇年六月廿一日至廿三日

第一堂

　　吴江太湖国际实验学校马上要放假了,诸位家长又在这里见面,还有些家长是新来的。郭校长一定要我讲话,我主张把上一次我对学校老师们讲的话,放给大家听一听,可是她要我亲自跟大家见面讲一下。

　　我的年龄比大家大,从推翻清朝到现在九十九年,当中的变化太大了,差不多我都经历过。"经历"两个字不容易哦,不只是眼睛看到,耳朵听到,而是亲身经历灾难与痛苦,这些历史,你们是搞不清楚的。

　　我们国家改革开放到现在三十年,你们太幸福了,幸福到大家都不太清楚是怎么过来的,充其量也许在二十多岁以前受一点小的辛苦,但也不是当年环境里我们受的那种痛苦。譬如说推翻清朝以后是北洋军阀,全国各个军阀割据内战,然后是党派纷争,又有日本人打过来,我们整个国家三分之二都被占据了,一条很长的战线。我那时只有十九岁,就出来带兵作战,没有考虑前途,只想怎么样跟敌人拼死作战。那种日子不好过啊!我常常警告大家,你们要珍惜啊!以我的经验,像这三十年的安定,是很难得的,这种安定幸福,是历史上几千年从没有过的,真的没有。所以我认为现在的年轻人,都是温室里长大的花朵,更不晓得国家民族痛苦的经历和社会的变化。

适才适性　人贵自立

我们在这里办的学校叫实验学校。老实讲，上至大学、博士、博士后，下至幼稚园、小学，我对现在整个教育都不满意。别人不可以这样讲，我可以这样讲。这二十多年以来，有三十几所大学，每年都发放"光华奖学金"，没有停过。"光华奖学金"是一九八九年成立的，钱是尹衍梁同学出的，但是他硬把我推为董事长，所以我很清楚教育的变化。尤其现在都是独生子女，男的就是家里的太子，女的就是公主，父母和两边的祖父母及所有长辈，大家捧在掌心疼爱，太过分关心宠爱，这下坏了，未来这些人怎么教育？国家民族怎么办？这是个大问题。

我也是独生子，原来家里环境很不错，但是我十二岁起就晓得什么是困难。当时家里被海贼抢光，从此以后没有钱读书，我就立定志愿，不靠家里出钱。当时在战乱中，可我还是要读书，还要起来救这个国家。我的父母没有像诸位做父母的那么关爱子女，难道是他们不关心我吗？他们当然很关心我，但是教育方法不一样，由我自由发展。我十九岁出来做事带兵打仗，因为太年轻了，就留个胡子冒充四十几岁。后来我的家乡也被日本人占领，音讯隔绝，家里人生死如何都不知道，有国破家亡之痛，我就靠自己站起来。这些人生的经历，统统与教育密切相关。

我认为古今中外的教育，大部分都犯一个错误，父母往往把自己一生做不到的愿望，下意识地寄托在孩子身上，可是却忘记了自己子女的性向与本质。做父母的应当思考，如何正确培养与辅导孩子，让他们成人立业。如果只是一味要求孩子们读书、考试、上进，希望他们出人头地，这是极大的错误观念。这样爱孩子，其实只会害了他们。

我简单明了告诉大家,《大学》上说"人莫知其子之恶,莫知其苗之硕",父母对儿女有偏爱,所以只看到他的优点,而不晓得他的缺点。我们做父母的,要注意这两句古圣先贤的告诫。但是古人有另一面的说法,叫作"知子莫若父",指出很重要的教育重点,是父母需要懂得自己子女的禀赋性向,因为老师和别人不见得真正全盘了解每一个学生。现在父母对孩子们的教育,只是过分宠爱关心,反而对子女的禀赋性向都没有深切关注。

我个人的经验,看了古今中外,全人类几乎都一样,都会犯这个错误,不过外国人好一点,中国现在这一代太过分了。"知子莫若父",实际上,对儿女的禀赋性向,做父母的不一定看得清楚,因为有偏见,有偏爱。刚才讲这两个观点,看起来相反,但不尽然,我在《论语别裁》的书中,曾经有过比较详细的解释。

刚才讲过,我是独生子,没有兄弟姊妹,一辈子靠自己站起来。我也有儿女啊,我的儿子讨了媳妇,姓什么,叫什么名字,我都没有印象。孙子来看我,我说:"你是谁啊?""爷爷,我是你的孙子。"我的学生看了都笑我。而今孙子也有孩子,已经四代了,我一概不管。为什么不管?天下儿女都是我们的儿女,为什么我家里的孩子一定要好?那别人家里怎么过啊?所以我对天下人的子女,都是平等看待。我只吩咐孩子们,不要一定想升官发财,一定想做什么大事业,一定想读什么名大学,只要好好学个谋生技术,可以生活糊口,一辈子规规矩矩做事,老老实实做人就好了。发财做官,都是过眼烟云的事。我对孩子的教育是这样,一切要他们自立发展,这就是古人所说"人贵自立"的道理。

聪明难　糊涂亦难

我再引用清朝一位才子郑板桥(郑燮)的名言,叫作"难得糊涂"。他是江苏人，出身也很贫寒，自己站起来的，没有考取功名以前，靠卖画教书过活。那个时候教书待遇很低，我们过去家里请来的老师也是那样，不像现在做老师有很好的待遇。所以古人讲"命薄不如趁早死，家贫无奈做先生"，家里太穷了才出来教书过生活。

郑板桥后来考取功名，做山东潍县的县令，潍县是很有名的文化地区。我曾看过他给家里写的信，对我影响很深，这个就是教育。他叫家里的子弟们不要一定想多读书求功名，读书读出来，有学问，有功名，又做官，不一定有什么好处。他是个才子，琴棋诗画无所不能，所以他说：我们郑家的风水都给我占光了。以后的子弟们要像我这般样样都会，是做不到的啊！你们只要规规矩矩，学个谋生的技术，长大了有口饭吃，平安过一辈子，就是幸福。所以他写了"难得糊涂"四个大字。怎么叫难得糊涂呢？笨一点没有关系啊，但是做人要规矩。他对自己写的"难得糊涂"四个字有注解，你们必须要留意，他说："聪明难，糊涂亦难，由聪明而转入糊涂更难。放一着，退一步，当下心安，非图后来福报也。"

一个人天生聪明很难。老实讲，哪个父母晓得自己的孩子够不够聪明？像我看我的孩子，跟我相比都马马虎虎，不够聪明。我告诉孩子们，不要学我，充其量读书读到我这样多，事情文的武的都干过，有什么好处啊？没有好处，只有更多的痛苦与烦恼。知识愈多，烦恼愈深；受的教育愈高，痛苦愈大，我只希望你们平安地过一生。

昨天有个孙子打电话找我，我问："你是谁啊？""我是你的孙子啊！""哦，我知道了，什么事啊？""我的孩子要考某个中学，分数差一点点，他们告诉我，请爷爷您写一封信就行了……"我说："你的孩子男的还是女的啊？"（众笑）我真的不知道,他说是男的。我说:"你叫我爷爷对不对?你是我的孙子,你难道不知道吗,为自己的子孙写信,向地方管教育的首长讨这个人情的事,我是不做的,你怎么头脑不清楚啊!""是啦,爷爷!这个道理我懂,可是我被太太逼得没有办法,一定要给你打个电话。"我说:"你告诉你的妻子,随便哪个学校都可以出人才,你看我一辈子都靠自己努力,这事绝不可以做。"

今天我这个孙子又给我打电话,说:"昨天爷爷的教训,我都跟家里的人讲了,大家都明白,您是对的。"我说:"我知道你心里也不舒服,但你们去反省,读的学校好不好有什么关系?你看世界上的英雄,像孙中山、毛泽东,哪个是好学校毕业的啊?你说历代的状元,每个大学考取第一名,有谁做出了事啊?那些做大事的人,譬如美国的汽车大王、钢铁大王,都不见得是大学毕业的,为什么要这样注重学历啊?"

所以,郑板桥说"聪明难,糊涂亦难",真做个笨的人,也不容易,就怕孩子不笨,真笨了倒是真规矩、真老实,不敢做坏事。聪明的人容易做坏事,反而有危险,所以"由聪明而转入糊涂更难"。注意第三句话,很聪明,却要学糊涂,这就更难了,一切听其自然,好好努力,这是郑板桥"难得糊涂"的几句话。

再说中国历史上的圣人尧、舜、禹,后代都不好,并不是坏,是不够聪明,这就讲到现在科学所谓基因的遗传。我也做过父母,还四代同堂,我晓得孩子不够聪明,这四代聪明给我占完了。你们看果树,有一年长了很多果子,接下去就要休息好几年。你们都是了不起的聪明人,不要再往孩子身上加压力,这个里头的深意很大了。孩子生下来身体强弱、脑力够不够、个性好坏,遗传自父母的占百分之三十,所以做父母的要反省对儿女的教导。我经验很多事,见到很多人,问到人家的父母时,不说"你爸爸干什么的,你妈妈干什么的"。以前我们对部下是很礼貌的,说:

"你的老太爷做什么的？你的老夫人是农村的吗？几时来？我请你老太爷、老太太吃饭。"这样就可以晓得这个人的个性，其中有一部分是父母的遗传和家教。这里头学问很深的，大家要注意。

所以，对孩子们不是叫你们不关心，而是不要爱得过分，放一步，让他们自由发展，但是现代人都关心得过头了。教育的目的，不是教他知识，是把孩子天生遗传不好的个性转化，所以真正的教育不是只靠学校，而是要靠家庭教育，父母最重要的是不可偏爱。孩子们有许多的个性，遗传自父母的优点很少，缺点特别多，大家仔细研究一下，拿孩子做镜子反照一下自己。有些孩子脾气特别大，有些孩子很忧郁，都是爸爸妈妈内在的遗传，孩子各种各样的心态跟父母都有关系。所以，教育从家教开始，学校不过是帮助一下。现在人的观念，把教育都寄托在学校，这是错误的。当然，我对我们学校的老师讲话，还应该继续下去，再谈关于教育和怎么样改变人性的问题。

平安是福

我最近观察到，整个社会对子女的希望太重了，太过分了。我们第一希望国家太平，社会安定；如果国家不太平，社会不安定，儿女怎么会好？我开头就讲，你们是温室里长大的，这三十年太舒服了，不知道灾难痛苦，万一社会不安定，国家不太平，你要照顾孩子就没有机会了。像我从十九岁离开家到现在没有回过家，对父母所欠的恩情，没有办法报答；父母对我想照应，也没有办法。所以，大家在这几十年安定的环境里头，不要希望将来自己孩子如何如何，而应该对自己孩子的教育要放手一点，让他自然长大。

我对我的孩子们说："你们都长大成人在做事，我真要感谢你们。这个话怎么讲？你们没有犯法，没有给我丢人。如果你们做了坏事，犯了法，我才不好办啊！可是你们没有，所以我很感谢你们平安长大。"

人平安就是福，苏东坡有一首诗，我也常常提到。你不要看苏东坡那么了不起，他官大，名气也大，可是一辈子受罪，一辈子没有好境遇，他受的罪跟我们不同。他的《洗儿诗》说：

人人都说聪明好　　我被聪明误一生
但愿生儿愚且鲁　　无灾无难到公卿

苏东坡说，世上的人都说人聪明好，他却认为自己一辈子被聪明耽误了，但愿生一个笨得一塌糊涂的儿子，但一辈子官做得大大的，也没有犯法，也不会倒霉。我经常说苏东坡这一首诗不太好，前面三句我都赞成，最后一句他又错了，又被聪明误了。生个儿子又笨又蠢，功名富贵样样有，这个算盘打得太厉害了，哪里做得到啊！希望大家不要犯跟苏东坡一样的错误。

今天我讲的话很不恭敬，但这是老实话。我很感慨，从事教育以来，看到现在的教育处处是问题，我很担心。我们对外面的儿童教育也在关心注意，所以吴江太湖国际实验学校不走那个路子，孩子们在这边受的教育跟外面不同，这样的教育方法，希望可以实验得好。这里的孩子太幸福了，连我都羡慕，我当年就没有这样一个教育环境。我也真是佩服这些年轻的老师们，这里没有娱乐的地方，他们能安心在这里教书，很不容易。实验学校是这样办的。

至于实验学校办不办得下去，校长经常问我，还要办下去吗？我说要看你肯牺牲吗？真要办教育，只有肯牺牲自己，来造就别人。

今天时间不多，我们还有别的课，诸位盘着腿听我讲话，是很受罪的事情，不晓得哪个出的主意，你们坐得也很痛苦，赶紧停止，我还是少讲一点，对不起啊！谢谢！

第二堂

（读怀师第一次跟国际实验学校全体老师的讲话稿）

诸位家长，今天晚上的节目临时变动，这种做法你们没有看到过，和一般学校不同，这是书院的做法。有些人喜欢找我谈书院，可是你们听说过书院吗？书院是个什么样子？教授什么内容？现在八十岁以下的人哪个读过书院啊？没有的。

今天晚上要像书院一样自由讲学，把后面的课程挪调了，为什么？下午偶然和学校负责人郭校长和她的母亲、舅舅谈起，说你们中间有人看了这个学校后，想要办学。我们这个学校是他们三位办起来的，又好意办家长会，把你们请来，你们也愿意来，但我觉得很困扰你们。为了孩子们读书，现在变成家长们也在这里读书，这个很不成话。家长们跟学校本来是主客相待，学校假使为主人，家长就是贵宾，结果贵宾到了，也同学校的学生一样，好像是来听课的，我觉得很不礼貌。但是我的感想是，你们都是年轻人，如果没有孩子们的因缘，我跟你们见面的机会恐怕也不多。现在既然有缘，就来谈谈家长们的问题。

办教育要牺牲自己

我有很多感慨，我讲的不好听，先抱歉了，不要见怪。我说你们还年轻，很不幸地结婚，很不幸地生孩子，很不幸地做了家长。现在有了孩子，尤其只生一个孩子，最多生两个，你们心理和精神的负担都很重。你们中间很多人都是事业有成，至少吃饭有本钱了；我昨天讲过，从改革开放到现在，大家在这一个时代，三十年来天下太平，是中国历史上没有过的。五千年历史，你们没有好好读过，因此不懂自己国家的历史，历史上从来不到二三十年就有变乱，痛苦万分啊，像我们都亲身经历过。这几十年，你们是成长在温室里的花朵，经过"文化大革命"过来，我想你们诸位家长那时还只有十几岁，刚好你们一下碰到改革开放这个好运气，命运太好了。可是人生和历史永远处在"忧患"之中，要注意啊！

像我几十年前，五六十岁时，还在台湾，我的学生，也都是朋友，文官武将很多，乃至拉车讨饭的也有，犯人也很多。有个机会，官方朋友找我到监狱去给犯人上课，这一批犯人有判无期徒刑的，甚至判死刑的都有。说要是请到我去上课，死刑犯可以减罪不死。我说："真的啊？蒋老先生同意吗？""同意。""为什么？"他说这几百个罪犯，十几岁就出来抗日，全国各地打日本人，跟着国民党退到台湾，没有功劳也有苦劳，没有苦劳也有疲劳，尤其有些头发都白了，无期徒刑、死刑，过意不去，可是依法也不能放，所以请我去上课。一个月以后，以忏悔的成绩放了很多人。为什么提到这一件事？我拿来比较人生的很多忧患灾难。我告诉那些人，你们要反省忏悔，也不要埋怨了。我说像我们这一代的命运算过八字的，"生于忧患，死于忧患"，一辈子在忧愁，现在我也还在担忧。

昨天告诉你们有一个最大的题目，大家也晓得我学佛，我说我看众生如我的孩子，看我的孩子如一切众生，这是我一生的宗旨。我的儿子从小反对我的话，他们听了心里很不是味道，可是他们现在五六十岁，大的有七十多岁，他们告诉我："爸爸，我到现在这个年龄，还是同意你的话，不但不反对，我也学你，看天下人的儿女如自己的儿女，视自己的儿女如天下人的儿女。"

这都是告诉你们的要点。

话题转回来，我听说你们中间有人看了这个学校后，想要办学，我劝你们不要随便办学，办学太难了。现在要开个学校很容易，大学里的博士班、硕士班，还有什么管理班等，都是以商业的行为来办教育，那是做生意，是为了赚钱，不是在办教育。既然你们都是年轻家长，不但要注意孩子，也要注意自己，考虑自己的前途，将来要做什么？

我们郭校长的舅舅李传洪，他在台湾照我的理念办了薇阁，是国际上有名的学校。郭校长为了办这里的实验学校来跟我谈，我讲真话啊，有两三次她都哭了，说这个学校能够办得下去吗？办不下去怎么办啊？我说："孩子啊，你十二岁跟我到现在，佛学也听了那么多了，不要说修行，天下事空的嘛，办得下去就办，办不下去就不办，有什么了不起啊，也不欠人家的，办不好就不办，吃不消就不办。"她告诉我她懂了，我说："可是你真要办的话，要牺牲自己。"

孩子自有选择

所以，我要跟你们讲，教育孩子是很困难的。我做过父母，也做过儿女，而且我受的教育啊，由旧的家塾读书到新式的小学、大学、军事学校，文的、武的，这些教育我都受过，也都教过，经验太多了，深有体会，真正的教育在反省自己，孩子的缺点就是父母的缺点。

还有，做父母的有没有偏心呢？你们没有，你们只有一个孩子嘛，多几个孩子试试看？父母肯定会偏心，所以古人说，"皇帝爱长子"，做皇帝，做有权力的老板，事业成功者，都喜欢寄望大儿子能够继承；"百姓爱幺儿"，普通家庭的老百姓，喜欢最小的孩子，不管是男的女的，最爱的是这个最小的。这是做父母的普遍心理，这里头的学问大得很。

那么，你读历史，汉朝、唐朝为什么兄弟们会来抢位子，争权夺利，互相杀害？是教育呢，还是人性呢？所以我赞成教育无用论，教育改变不了人，人只有自己改变自己。这也告诉你们做家长的，不要寄望后代，那是幻想。你怎么样培养孩子呢？把自己的孩子看成别人的孩子，把别人的孩子看成自己的孩子，要孩子能认识到自己的缺点，并且改过来，等等。所以如何培养孩子，让他平安地过一生，虽是很重要的，但也全靠孩子自己了。

我们这里办学校，像郭校长，她有资格吗？她后面有两个人，一个是她舅舅，一个是她妈妈，都是办教育的。郭校长从十二岁跟我到美国，她在台湾读完小学五年级出去，进美国小学时英语跟我差不多，很受罪啊！从小学读到大学，大学读的是商学，做生意的，所以她的经历很有趣。你看她年纪轻轻，在法国银行工作过，做股票买卖，薪水拿得很高，其实她用不着吃这个苦来办教育。当她还在银行做股票时，告诉我连做梦都梦到钞票，不能让哪个顾客进来的钱少了，该买什么股票卖什么股票，夜里睡觉都没有睡好。我说你真快要疯了，赶快把工作辞掉。她很听我的话，反正吃饭钱家里有嘛，不在乎那一点，就辞掉了。她家里从她爷爷起就喜欢办教育，因此她后来进哥伦比亚大学攻读教育硕士学位。我不是标榜，也不是特别捧她，讲这个故事就是要你们知道，孩子们有各种可能和选择。所以，你说孩子应该读哪个学校好，应该哪门成绩好，不要考虑，她就是个实例。

真正的教育精神

她读完哥伦比亚大学硕士以后，我感慨中国文化的根断了，怎么办？所以，叫她编书给孩子们读；她和她妈妈走了大半个中国推广读经。这个英文课本也是她编的，当时她碰到困难，说中国书好编，《三字经》《千字文》《古文观止》，什么《归去来兮》《桃花源记》《岳阳楼记》《诸葛亮诫子书》等，一篇一篇好编啊，英文没有啊，你叫我怎么编？我说有道理，你说得对，不过英文要在《圣经》新旧约上找，文学很好。后来她把那些英文重要的文章、诗句都编出来，当时她舅舅薇阁学校里的十几个外国老师都反对，说这样的教材教不下去，最后她把他们说服了；这是第二个阶段。

第三个阶段，她在全国推广教育那么多年后，再跟着我办太湖大学堂，现在连搞建筑这些也学会了。博士学位是在复旦大学读的；她本来不想去读，说没有什么意思。我说读一个博士，你不必当真啊！去玩玩。她的博士是这样拿的。现在来办这个教育，办到现在，痛苦不痛苦？那是无比的痛苦，因为要对孩子们负责。

我讲这些话给大家听，意思是说办教育不是钱的问题啊！你有钱盖个学校，请个校长，请些老师，这样就是办学校吗？这样不过是办"家家酒"一样，只是做一个装点自己门面的事业而已啊！真正的办学校，是要把自己的身心性命、全部精神都投入进去的，就是爱一切众生，爱一切孩子，把他们看得比自己的儿女还重要。自己儿女万一出了问题，自己负责任，别人的孩子一旦出了问题怎么办？不好办的啊。

我晓得你们里头也有想办教育的，或者自己在教书的。真正的教育精神是什么？我举这些事，你们可以了解。她们一家都在这里，刚开始办学校时有一个孩子，郭校长的舅舅李传洪董事长很喜欢他，这孩子几岁我也不知道。他们告诉我，有次这孩子正拉完大便，看到李传洪过来，就说："董事长！揩屁股。"李传洪就乖乖去给他擦了。回来我们正吃饭，他就说："老师啊！我这一辈子连我儿子都没有帮他擦过屁股，还要去给他们擦屁股。"我说："你喜欢嘛！"他说："是啊，是啊，我很喜欢他。他的大便特别粗耶！"以前他听我讲过历史上韩信方肛，大便拉出来四方的，因为看相不是光看面孔，要看全身的，所以他说这个孩子大便那么粗，意思是说前途怎么怎么样。这都是笑话，也都是真的，教育是这样牺牲，所以我把这经过讲给你们参考。

你们还年轻，虽然做了人家的父母，也还在创业阶段，将来的人生要做什么呢？昨天我也讲过，希望国家永远这样太平，社会永远这样安定。万一社会变乱，经济出问题，国际上出问题，我们会跟着变乱，你们准备怎么做呢？你们也许有许多学佛修行的，你会修得好吗？你会有这个修养吗？这都是要注意的问题。你们还年轻，要好好读书，好好做人，好好反省自己；我这几句话讲得很严重，是对你们做一个提醒。

我今天讲郭校长办教育之难的意思，就是告诉你们对孩子不要太偏爱，不要寄望孩子将来如何，只要他平安长大成人，平平安安活一辈子就很幸福了；不要管学历，学问是一辈子学不完的，活到老学到老。我看在这里的每一个孩子都很乖，将来都有成就的，问题是不要把孩子宠坏了，这一点很重要。

这里一位同学李慈雄博士，从大学一年级开始跟我到现在，自己也是三个孩子的父亲，在上海也有了事业，公司叫斯米克，他是台湾人，台大电机系毕业到美国留学，获得美国斯坦福大学总体工程经济系统博士，在世界银行做过事，现在也从事教育。虽然他事业做得那么大，但是在我身边还是像大学一年级时一样，态度没有变。当年他到我那里时，我故意整他，因为他是台大高才生，等于北大的学生，很傲慢。他要来听课，我说我这里收费很高，他说他没有钱，可以打工，洗厕所、洗茶杯，就这样开始。他到现在还是经常替人家倒茶，他说："老师当年教我到现在的嘛。"

我想今天长话短说，讲到这里为止，那么现在请李慈雄博士上来做补充。

第三堂

　　本来今天我不想讲话，没有精神。下午在办公室，郭校长告诉我家长有报告，念一下让我听听，听了以后我也不能不答复你们。我昨天也很诚恳坦白地讲，这次因为孩子们的关系，很难得跟诸位家长见面，这在学佛叫因缘聚会。

　　我晓得你们诸位家长有学佛的，还有做各种事业的，为了儿童教育，引起了自己的兴趣，在这里看了以后，很多都想办学校。我劝你们不要办，办学校问题不在钱，在人啊！尤其是老师哪里找？千万不要随便行动。还有你们要注意，这里是中华人民共和国，是社会主义的国家，有它的政治体制，有它的法令，你看到我们这里办学校，就想跟着学，以为有钱就做得到。你们注意，生在某一个时代，就有某一个环境、某个体系，我们要尊重国家的体系、政治的法则。

　　我在这里是个超然的人，我常说我今年九十几岁了，年轻的时候共产党要对付我，怀疑我是国民党的人；国民党也要杀我，怀疑我这个人共产党的朋友很多，各个党派的朋友也很多，一定是某一边的人。我常常笑，我说我到现在不晓得怎么活过来的，这个头还保存在这里，很难得。像我在这里办太湖大学堂，他们办了这个国际实验学校，你看容易吗？一切要合法的啊。你们想办学校也要合法。现在很多人受我影响，也是受李素美、郭校长两母女推广了十几年儿童经典导读的影响；有些光在读经，其他都不重视，那是偏了、错了。所以，办学校，政府的法令都要清楚，不能不守法啊！

昨天我告诉大家,你们虽然是家长,但都还年轻,我再讲一次不好听的话,这三十年,你们是生在太平时代的温室花朵。你不要看我在这里有影响力,办了太湖大学堂这个学校,外面多少眼睛在看着,多少注意力在我身上。我们的做法和现在流行的教育方法不同,政府到现在没有找我们的麻烦,也没有批评,而你们家长只觉办得好,也想照这样做,简单告诉你们,你们太年轻了,不要随便去碰啊!

你看这里虽然叫"太湖大学堂",但既不是大学,也不是研究所,也不是古老的书院;可是你说这是大学也可以,是书院也可以,是我一个人提倡在这里办,都要立案的哦!不是说你也去搞一个什么大学堂,他也办一个什么国际实验学校,你去试试看,不要自己找麻烦了。

古代考试制度

我在这里,各方面都来问我教育问题,国家现在也头痛这个教育问题。推翻清朝以来到现在,近百年的教育体制,我是一直反对的,因为不但中国旧文化没有了,西方文化也没有深入。政府方面也知道我的理想观念;我告诉他们,你们要知道中国有三千年教育,推翻帝王制度到现在也九十九年了,明年就一百年,等过了一百年再谈吧!

过去三千年来的教育,不管汉、唐、宋、元、明、清,政府没有像现在一样成立学校,也没有出钱办教育啊!是民间老百姓自己把孩子教好的。这个你们没有研究,上面领导教育的人也搞不清楚。中国几千年来都是民间把自己的子弟教好了给政府收买。用什么收买?"功名"两个字。

第一步是考秀才,什么叫秀才?县里头三年考试一次,孩子在私塾读过书了，到县里报名考试，考取了叫秀才，这叫有功名了。普通你读书读得再好，没有考取秀才，就没有功名，勉强比方，等于现在没有学位。然后秀才再参加全省考试，考取了叫举人，比秀才高一步的功名，明朝、清朝几百年来都是这样。等到来年，全国举人再来考试；必须要有举人的资格才能考进士，普通老百姓不能参与。进士再参加殿试，第一名叫状元，第二名叫榜眼，第三名叫探花。像我有位老师是清朝最后一期的探花，姓商的，广西人，叫商衍鎏；我虽称呼过他老师，其实没有真正跟他学习过。那个时候我二十二岁，在四川，已经名气很大了，我写古文给商老师看，问他："假使当时和你们一样参加进士考试，你看怎么样？"这个话是逼着商老师。"嗯！很好，假使在清朝的时候，你可能是进士，也许同我一样，说不定是探花。"我心里有数，心想那些有功名的状元、探花也不过如此。当时这样考取了进士以后就能做官吗？没有，这是功名，还要受过培训才放出去做官。算不定一个进士会先做个最基层的县长，让你历练，慢慢一步一步上升。其实以前做官，如果是翰林出身，去做地方官，做县长的，那这个翰林县令就不得了，很威风的。还有许多官并不是进士出身的。

你们现在观念也是一样，叫孩子读好书，即便不当进士、翰林，将来也要他做社会上了不起的人。我就反对这个教育，我说中国三千年的教育是错误的，大家都太望子成龙了。从前女性读书的很少，更谈不上要女人去考状元，就算有，也很少。太平天国的时候有一次考出过女状元，名叫傅善祥。

现代学店式的教育

现在我回过来讲，过去中国三千年的教育，政府几乎没有花过钱，民间却培养出那么多人才，做了很多事业，所以这个国家至今还屹立在世界上，永远是个文化大国。我一直反对推翻帝王政治以后，引进西方办学校的路线。并不是说西方文化不好，而是我觉得现在这个教育制度，办学校变成做生意——开学店了，政府还要出钱办学校。你说乡下的人，辛辛苦苦种田，培养孩子读书，读了书就完了，孩子不想回乡，读了大学更往上海、北京或国外去啊，都想拿高薪赚大钱，农村就没有人了。本来读了大学，学问已是你的了，中国的社会、政府却还要负责就业问题；好像政府出钱培养人，读了大学毕业就应该给他工作。我说这些都不合理。

我们以前是自由教育，老百姓自己教孩子教出来，各种各样的。现在政府的教育有个规范，在一个框架下面，你办教育必须要照这个路子走。这怎么培养人才啊？等于你和好了一堆面粉，要做包子一定是包子，要包饺子一定是饺子，用这样一个形式教人家子弟，后面的人也跟着这样做。所以我是不大同意的，可是我几十年来也没有反对。

我在大学里教过书。我教书的时候不点名的，我管你学生叫什么名字啊，你们大学生我也看不上，我公开讲的。我为什么不点名啊？如果我的学生做了国家领导人，我一定离开这个国家，免得说我跟他有关系；他做得好对我没有好处，做得坏我还丢人呢！所以我不点名。因为现在不是过去的教育，现在当老师是出卖知识嘛，教完了，拿到钟点费就走了，管你听还是不听啊，老师也不要负责；学校变成了商店，顾客至上，做学生的可以批评老师。我写过一篇文章，但没有发表，有人看了，说："老师啊，再写下去吧。"我说不能写下去了。

今天因为你们要办教育，我告诉你们弄清楚，办学校岂是那么简单的？不是你有钱就能办。天下事就是两个条件，一个钱财，一个人才，人才比钱财还难得。譬如现在我们这个学校在这里开办，有很多因素，主要是我这个老头子还在，有九十多年的本钱，还有各方面的关系。怎么办学校？你看教育体制的规定，我们是合法申请，跟他们讲清楚是实验学校，实验把新旧教育、中西文化做结合。换句话说，不大同意现有的教育方法——孩子天天要做很多功课，把孩子脑筋都压坏了，文武什么本事都没有。还有教育最难的，不光是使这些个孩子书能够读好，要先注意这些个孩子长大了怎么谋生，有一口饭吃。先教会他们谋生的技术，哪怕做水泥工也好，做木匠也好，可以打工赚钱。他可以学问很好，但不一定做官，也不一定发财。

我在欧美各国，看到中国留学生在馆子里端菜、洗盘子，什么工都肯做，赚钱供自己的学费或零用。这些留学生在外面这样，我看了就很生气，父母培养你出来留学，在国外什么苦工都肯做，一回到中国就摆个臭架子，什么都不肯做，一定要拿高薪，岂有此理！我看了就生气，是不是这样？（众答：是）这个叫什么教育？人格的教育都没有。我说，你假使留学拿个博士回来，像在外国一样打工，什么事情都肯做，很低的待遇都肯拿，不怕没有饭吃，学问是自己的嘛，能把学位、身段放下，那我就佩服了。我在美国的时候，中国正值刚开放的阶段，我就劝这批留学生，赶快回中国去报效国家。那些学生是共产党员，我天天给他们上课，中国前途向哪里走，要他们快回去，不要待在这里了，这都是事实。

结合新旧教育的实验

我们这里办实验学校，有这一个缘由。我晓得你们心里很有热忱，是很诚恳真心的，那你学武训嘛！我很佩服他的。武训是清朝末年的一个叫花子，山东人，他自己没有读过书，到处跪下来要钱,办了学校;武训是教育家的代表。可是"文化大革命"的时候,江青的四人帮不但批孔,还批武训!这都是历史的教训,办学是那么简单吗?

现在,我简单概括。你们如果办学校,首先要先到台湾看一下薇阁学校。李传洪接手薇阁有二三十年了,现在有几千个学生,在台湾非常有名,也享誉国际。他高薪聘请了十几位外国老师教英文,花大成本,校长换了好几任,教育长也换人,都是甄选过的,遇到好的老师就请过来。

我们推广儿童读经典古书,现在外面流行儿童读经,是我们宣传、印书,进而使全国都受影响,这是第二个因素。

第三个因素,我在这里办了太湖大学堂,郭校长他们有办薇阁的经验,同时在这里也看到国内的教育问题,所以办了这个实验学校,把新旧文化、中外文化综合起来实验。政府现在教育是一级一级考试,大家只要孩子功课做得好,管他头脑吃不吃得消,天天做课题,我这里没有。从立案申请到开始办学,既要守政府法令,又要不照规定路线走,以实验我们的理想;所以郭校长去买了各省、市、县的课本,比较各地课本的不同。我曾经让郭校长把苏州颁布的中小学语文课本拿来,翻开看看,唉哟,这些课本怎么搞的,我真的一个问题都答不出来,这怎么办?

我说我们要做实验哦,把这些课本先摆着,开头一两个月,直接教孩子读古文,就是专上语文课。当然不止古文,新的观念也要教,简体字繁体字都要认得,还要练拳,文武合一。像这样你们哪里做得到?因为我本身也会武功,那个教武功的老师教得对不对,我一望而知。你们办学校,懂这个吗?不是随便去找个会打拳的人就行,卖膏药的也会打拳啊。这里有时候连着两个月教孩子们认识各种草药,将来若是做个草药医生,也可以谋生有口饭吃啊！何必一定要自己的孩子做了不起的事？能平安一辈子，多好呢！我们这学校什么都教，也请来外国老师教英文，教孩子们做点心、面包，老师讲他的外国话，孩子讲中国话，一个礼拜以后，学生慢慢都学会了。学英文就是如此。然后在孩子快放假时，把政府规定的试题测试一下，每个孩子都得八十几分，可见我们的实验是成功的。没有照一般学校那样，每天每节什么课什么课，带一堆课本，还要加上课外补习，让孩子们背着重重的书包，把身体压坏了，把眼睛也搞坏了。

你们都读过书的嘛，我们中国的教育，在学校有没有教男女关系？像我亲自公开教小孩子，男孩子不准玩性器官。为什么要告诉他们这些？因为有些男孩子犯手淫，把身体搞坏了，很多做父母的都是外行，自己既不知道，当然也讲不出来。这里也告诉女孩子，不准手淫，我都亲自来讲。现在中学里头有生理卫生课，讲到这个时，老师不好意思讲，就让学生们自己去看。但这里的实验学校是样样教的，让孩子们知道利弊。我很感谢现在的政府，对我这里办学，到目前为止还没有为难我，也没有干涉我，而我们做的也对得起政府，对得起社会，对得起你们诸位家长。这是要有菩萨一样的心肠才做得到的，你们要懂得这些道理。

办学内容很难，找老师更难，要懂得所有一切。我们这里还是在实验，所以孩子们都不是随便考进来的，学生多了我们吃不消。尤其是孩子住在这里，现在等于两个老师照顾一个孩子啊，比你家里请保姆还便宜。你们家长占了便宜了，有那么多老师给你的孩子做保姆，做保健医生，随时注意孩子们的一切。孩子们伤风咳嗽，老师们担心得比你做父母的还厉害，因为不能给学校丢人啊！说孩子来这里身体怎么搞不好了。这里的教育内容是这样的。

己立立人　自利利他

你们想办好学校,我非常了解,我推动读诵经典十几年,结果到处都在讲教育。我有些学生在外面讲,要用爱心教孩子,我都反对。不能老是教人家用爱心,我严格教孩子就不是你那套爱心的教育啊!父母严厉教育孩子也是爱,怎么不是爱呢?爱一定要怎么样啊?!根本都不懂什么是真爱。办教育不是那么简单,所以我看了你们的好心,在此答复你们,不如先求自立。中国儒家的道理有一句话,"己立立人",自己先站起来,再帮助别人站起来。你们都学佛嘛,学佛菩萨的精神"自利利他",先求自利,再办社会的教育事业。先把人做好,人都没有做好,不要说来学佛;我也学了几十年,还没有成佛呢!等到我成佛,你也听不到我的话了,大家先好好做人吧!

昨天你们也听了李慈雄博士的报告,他和李传洪都是同学辈,你看现在地下这个瓷砖那么漂亮,都是他公司的产品,我们用的卫生纸也是他公司的。他有十几个公司,各种各样。人家问李慈雄,你做什么生意啊?他说我是给人家擦屁股、踏在脚下的。他的公司现在在武汉也办个学校,江西也有项目,但是他告诉我:"老师啊!我现在真想把所有的事业放下来,还是跟着你打坐修行。"他做事业,艰苦奋斗二十几年下来,他也感觉到人生的无奈,对社会国家的无奈,不晓得怎么办。我听了你们的报告,不是责备你们,办学是好事情,不过我把这些经验告诉你们,办学太艰难了,之所以办到现在,是郭校长和她舅舅、她妈妈他们累积的经验撑过来的。

还有一位家长提到我修铁路。学佛修道先要做功德,所谓"三千功满,八百行圆"才算修行。三千功满,救人一命算一件功德，大家一辈子做了几件啊？我修了一条铁路也不过等于救人半条命而已啊，没什么了不起。办教育、文化事业，这是给人生走的一条大路，要牺牲自我是很难的。我今天晚上再三声明，不是说你们这个思想不对，是对的，可是要晓得办学艰难，老师找不到，人才难寻。所以我真的很佩服这里的老师们，那么年轻，等于给孩子们做保姆，你看那位侯老师，满腔热诚地办教育，对孩子们有深厚的感情，有时孩子们生病，夜里还不放心，她就睡在生病孩子的旁边照顾他们。这些人才哪里去找啊？

今天我对各位临别赠言，你们要注意啊，国家的政治体制、法令规章，不能随便改的，但要是办个学校完全照政府规定，那何必自己办？现在学校多的是。你要照我们这样办实验学校，那中学还办不办？到现在为止我不赞成，太辛苦、太痛苦了，完全是牺牲，不是建房子的问题，而是老师哪里找？而这些年轻老师，我很感激他们，他们也有他们的前途啊！我也要顾虑他们的前途，他们愿意一辈子做老师吗？不能只考虑孩子们啊，所以有这许多问题。

今天你不要认为南老师在骂人，在训话，你错了，我是很诚恳地告诉你们这个经过，其中的艰难、痛苦、害怕，不是你们所能够懂的。今天我这个老头子在这里是这样一个招牌，还有个脑袋在啊！因为九十几岁了，万一被人家扫地出门也不在乎了，要有这样的精神，那你才可以试试看去做这样的事业，否则千万不要随便去搞啊。我讲完了。

（整理：牟炼）

对学校教师讲话

二〇一〇年四月八日、五月十日

第一讲

大家请坐,我们随便闲谈,今天麻烦大家抽个时间,来谈谈儿童教育的问题。

人生以什么为目的

先讲我的感想,我对于这里所有的年轻老师们,真的很佩服,这不是说空话。为什么佩服?你们都很年轻,受现代教育出身,在这个时代,能够待在我们庙港这里,既没有娱乐场所,好像也没有谈恋爱的机会,但是你们都安心工作,所以实在令人佩服。太湖大学堂真是一个修行的地方,你们诸位在这里,等于在一个冷飕飕的古庙里,却非常认真热情地教育孩子们。你们诸位晚上没有出去玩,都很清心寡欲,有空的时间还在读书锻炼身体;有时候我随便讲一点课,你们有兴趣也来听,这个非常难得。老实讲,将心比心,我在比你们还年轻的时候,十九岁就出来做事了,二十一岁就带兵了,而心情能不能像你们这样安定,我自己都不敢想,这也是佩服你们的另一个原因。这是第一点,讲讲心里的话。

第二点我觉得大家还要进修。进修是为个人自己的前途,你们将来不论是否仍从事教育工作,进修都是很重要的。这在哲学上有个名称叫"人生观",我常常说现在这个教育错了,并没有真正讲哲学,因为要讲真正的哲学,人生观很重要。我发现现代许多人,甚至到六七十岁,都没有一个正确的人生观。我常常问一些朋友,有的发大财了,有的官做得大,我说:"你们究竟要做个什么样的人,有个正确的人生观吗?"他们回答:"老师,你怎么问这个话?"我说:"是啊!我不晓得你要做个什么样的人啊!譬如你们做官的人,你想流芳百世还是遗臭万年?"这是人生的两个典型。发财的呢?我也经常问:"你们现在发大财了,你这一辈子究竟想做什么?"可是,我接触到的发财的朋友,十个里头差不多有五双都会说:"老师啊,我真的不知道啊!钱很多,很茫然。"我说:"对了,这就是教育问题,没有人生观。"

我九十几岁了,看五六十岁的都是年轻人,这是真话。有些人都五六十岁了,他们还觉得自己年轻得很呢!我在五六十岁的时候也精神百倍,比现在好多了,现在已经衰老了。但是,五六十岁也算年龄大了,却还没有一个真正正确的人生观;换一句话说,看到现在我们国内十几亿人口,甚至全世界六七十亿人口,真正懂得人生、理解自己人生目的与价值的,有多少人呢?这是一个大问题,也就是教育的问题。

我二十三岁时,中国正在跟日本打仗,四川大学请我演讲。我问讲什么?总有一个题目吧?有个同学提出来,就讲"人生的目的"。我说这就是一个问题,人生什么叫目的?先解决逻辑上命题的问题,就是题目的主要中心。什么叫目的?譬如像我们现在出门上街买衣服,目标是衣服店,这是一个目的。请问人生从娘肚子生下来,谁带来了一个目的啊?现在有人讲人生以享受为目的,这也是一种目的;民国初年孙中山领导全民的思想,说"人生以服务为目的"。当年孙先生,我们习惯叫孙总理,提到孙总理谁敢批评啊?可是我很大胆,我说孙总理讲"人生以服务为目的"并不对。谁从娘胎里出来就说自己是来服务的啊?没有吧!所谓人生以享受为目的、以服务为目的,不管以什么为目的,都是后来的人,读书读了一点知识,自己乱加上的。我说:

"你们叫我讲的这个题目,本身命题错误,这个题目不成立。但是你们已经提出来要我讲人生的目的,我说第二个道理,在逻辑上这个命题本身已经有了答案,答案就是人生以人生为目的。"

说到人生的目的,现在许多人都搞不清楚了。那么人活着,生命的价值是什么?这也是个问题。刚才我提过,一个人做官,是想流芳千古,或者是遗臭万年?这两句话不是我讲的,是晋朝一个大英雄桓温讲的。这样一个大人物,他要造反,人家劝他,他说:人生不流芳千古就遗臭万年,就算给人家骂一万年也可以啊!他要做一代的英雄,这也就是他的人生价值观。在历史上有这么一个人,公然讲出了他的人生目的。

讲到人生的价值,我现在年纪大了,一半是开玩笑,一半是说真话,我说人生是"莫名其妙地生来"——我们都是莫名其妙地生来,父母也莫名其妙地生我们,然后"无可奈何地活着,不知所以然地死掉",这样做一辈子的人,不是很滑稽吗?

学者效也

我现在讲这些话听起来和今天要讲的题目愈离愈远了,我拉回来讲,这就是教育问题。今天来讲话,也是为这个主题来的。譬如我们学校,孩子们发生一些问题,虽然我都不管,冷眼旁观,但耳朵听到风声,已经知道一切了,这是老年人的经验。孩子们的问题,是教育问题,也是人性的问题。刚才我提到人生这些问题,牵涉到全世界人类的教育问题,而教育的基本是人性的问题,人怎么会有思想?这个思想是唯物的还是唯心的?人怎么会有情绪?怎么会有喜怒哀乐?中国人有两句老话:"人心不同,各如其面。"你看我们人类很奇怪,我们中国十几亿乃至全世界六七十亿人口,同样有眉毛、眼睛、鼻子、嘴巴、耳朵,但没有两个人是一模一样的。你说他同他很相像，真比较起来还是有差别的。所以，中国的哲学跟西方不同，"人心不同，各如其面"，中国人这一句土话是最大的哲学，也是最大的科学。如果研究科学，那就是基因问题了。基因是个什么东西？譬如上一次香港研究基因最有名的医生来时，我就告诉他，基因不是生命最初的来源，基因后面还有东西。他说是，是有问题。他这一次再来，说发现是有个东西，我说再后面还有，还没有完全发现。

所以，这个人性究竟是怎么一回事，是一个问题；而教育最高的目的是培养人性，是指向人性。中国人讲学校、学问，这个学字的古文怎么解释？你们里头的老师们都正在研究国学，这个学字是这样解释的："学者效也"，效法，效也是学习。譬如我们唱歌、跳舞、练拳，少林寺的高手王老师教你们易筋经，你们看到没有？我们几十个人学，哪一个学得跟王老师的姿势、神气、内涵一样？这个标准是很难学习的。我说学武功、读书、写文章、演戏、唱歌，能够学习效法跟老师一模一样，是很难做到的。这是学的问题，也就是效的问题，更是我们搞教育的大问题。而所谓学校这个校字，木字旁边一个交，那是盖一个地方，集中大家来学习，就是学校。

讲到做一个老师，现在中国人所了解的西方教育是爱；我听了就笑，你们看了几本书？你讲的西方是美国还是法国、德国，或是荷兰、意大利？西方有几千年历史，讲教育就是一个爱字吗？中国教育都没有爱吗？中国爱字也早讲了耶！至于什么叫作爱？这都是问题。

再回来讲到学与效，中国《礼记》讲这个效，我们做老师的、办教育的，任务太重了，孩子们随时在效法老师、父母。教育不光是嘴巴里教，也不只是读书，父母、老师的行为、思想、情绪和动作，无形中孩子们都学进去了。这就是教育，这个教育叫"耳濡目染",孩子们天生有耳朵、有眼睛,他们听到了,也看到了。老师们偶尔讲两句黄色笑话,你以为孩子们没有注意听,实际上他们已经听到了,就会耳濡目染。父母也好,师长也好,社会上的人也好,他们随便有个动作,孩子们一眼看到,已经发生影响了,这就是教育。所以,教育不只是你在上课时教些什么,整个的天地、自然的环境,统统是教育。

经师易得　人师难求

中国《礼记》上有两句话:"经师易得,人师难求。"老师有两种,一种是经师,一种是人师。古代所谓经师,是教各种各样知识学问的。下自现在的幼稚园、小学老师,上至大学里教硕士、博士的大教授,不过是传播知识的经师而已。我也做过大学教授多年,也带过硕士生、博士生,从我手里毕业的硕士博士很多。我说小兄弟啊,告诉你吧,学位一定让你通过,恭喜你,不过你尽管拿到博士学位,这个学位是骗人的,拿这张文凭只能骗饭吃,学问还谈不上。学问连我都没有,活到老,学到老,学者效也,这个效果在哪里?很难了。

我常常说,现在的教育哪有老师啊?我在大学里上课,派头很大,大家都晓得南老师来上课,同学们喊"立正",我说请坐,请坐。因为我真怕,为什么怕?我二十一岁起带兵,上场校阅,统统是这样,满校场几千人,喊立正,司令官万岁。那时自己留个胡子,冒充四五十岁,觉得自己好高好伟大啊!可是一年以后我就领悟到了,这是什么狗屁的事!这是唱戏嘛!万人敬仰,一呼百诺,这个威风大吧!只要出个声,大家都害怕了;眼睛看看茶杯,好几杯茶就来了,这个味道一般人觉得很好过啊!可是我已经领悟到了,这没有道理。

那个时候都是勤务兵为长官添饭，而我吃完了自己添，服侍我的勤务兵看到都傻了，他说："大家都是这样，你怎么不让我添饭？你不要我了啊？"我说："没有啊！我是人，你也是人，我有两只手可以做；我现在做官，你给我添饭，我老了谁给我添饭？我不能浪费我的手不用啊！我需要的时候再叫你添。"这同教育都有关系。所以我带兵的时候，兵跟我就是兄弟。对兵讲话，不像跟你们讲话，对兵讲话很简单，"他妈的"，你以为那是骂人吗？有时候那是奖励的话。这些兵多数是文盲，没读过书，要是像我们今天这样对他们讲话，那要他的命了，他才懒得听。你娘的，我妈的，他就懂了。这也是教育。

刚才讲"经师易得"，传播知识容易；"人师难求"，人师是用自己的行为、品性、言语影响学生。有道德有品性，一辈子给孩子们效法，这叫人师。大家想想，我们在座的都受过教育，由幼稚园到初高中、大学，请问哪个老师给你印象最深刻？有几个是你最敬佩的？我想很少。例如我学拳术武功，有八九十个老师，少林、武当、十八般兵器我都学过。我对于学武的老师都很恭敬，后来到台湾还碰到一两个，老师看到我好高兴，我请他到家里吃饭。他爱喝酒，我请了一次就再也不敢请了。他一餐饭吃了六个钟头，慢慢喝酒，就谈那一些讲过的事；他希望我在台湾恢复武术的教育。这个老师专学武的，没有文化基础。

我学文的老师，差不多也有一百多个，而且有前清的举人，有功名的。真正的老师，我只有一个袁老师，另外还有一两个学文的老师。我现在提一个问题，也给你们参考，我们大家反省，那么多的老师中，能影响自己一生，值得效法、敬佩、敬爱的，能够一想就想起，想起他就跟想到自己父母一样的，有哪些？我想大家跟我一样，从小受教育到现在，多少老师都忘掉了，为什么？"人师难求"。现在我们做人家的老师了，注意，要给受教育的孩子们留下你的影像。说了半天乱七八糟的话，我就是解释"经师易得，人师难求"这两句话。

古代教育的目标

我们现在再讲中国的教育。先不谈西方什么爱的教育，西方爱的教育这个观念，到现在流行八九十年了。我们原本的教育不讲爱不爱的，但比爱还严重。我们中华民族公认的老祖宗——黄帝轩辕氏，一切文化、一切基础在那时已经开始，到现在四千七百多年了。我们的历史也是从那个时候开始的。

西方讲教育史，可以说从摩西十诫开始，然后到天主教、基督教，一路下来。世界上的宗教都是教育，不过是另订一个宗旨，向那个宗旨走，所以叫宗教，这是简单地解释宗教。西方的教育几千年，是由宗教演变出来的。中国教育是从我们老祖宗黄帝开始的，不是宗教，而是人文的教育，人文教育有三个条件，"作之君，作之亲，作之师"。做全国人民的领导、做万姓之宗的就是作之君。我们中国人的姓有九千多个，百家姓只是一点点。有一部书叫《万姓统谱》，我们万姓宗奉的共祖就是黄帝轩辕氏。这个传下来不是宗教教育，而是"作之君"，做领导；"作之亲"，做长上，爱百姓如子女；"作之师"，全国等于一个大学校，他就是校长，就是大导师。

中国文化有君道、师道，到了后代，师道超然独立，超过帝王和父母之上，这是做老师的尊严。我们中国称孔子为"大成至圣先师"，当作皇帝一样礼拜，把师道尊奉在君道及父母之上，师道的尊严竟达到这个程度。上古历史有称"三公"，当了皇帝还有老师讲课。我经常讲，书上也有写，中国古代做皇帝的也要进修，每个月要请一个老师来讲课，老师是大臣或翰林院的大学士，请来的这些学者叫经筵侍讲，直到清朝还保留这个制度。

还有一个故事，讲明清这些太子、王子没有登位以前的宫廷教育。那时是请民间考取翰林学士、学问好的大臣来教孩子们，皇帝、皇太后还亲自出来给老师行礼。某一代，这个皇太子不守规矩，不认真读书，吊儿郎当，被老师打手心了，那个时候一样要打手心的哦。老师打了太子手心以后，再向太子下跪；打手心是师道，下跪是行臣子之礼。太子回去跟老祖母皇太后报告，老师打我。老太后不高兴了，这个老师怎么可以随便打太子？祖母给你出气吧！皇太后就请经筵侍讲的老师进宫吃饭，很客气地对他讲："某某人啊，我们这个孩子请你教，是要严厉点，但是我们皇家的孩子，读书也做皇帝，不读书也做皇帝。"这位大臣一听站起来说："太后，读书的做圣贤的皇帝，不读书的是做暴虐的皇帝。"这个皇太后一听愣了，马上说："你讲得对，尽管打吧。"这个是讲古代教育的历史。

教育是人性的问题

现在还是个话头的开始，讨论教育的目的及人性的问题。我一辈子可以说什么都干过，党政军、生意也都做过，人生的经历不少。现在他们搞了一个太湖大学堂，你们看我九十多岁了，我在这里也同你们一样，也在从事教育啊，是教大人的啊。而且，我更寂寞，因为我要讲的话没有人听。所以，我经常在吃饭时给大家讲，你们郭校长都听过的，教育无用论，我从几十年前讲到现在；我发现中国这一百多年来，教育出现问题了。

现在不谈教育无用论，浓缩回来，教育是人性的问题，这是今天讲话最重要的一点。人性究竟是善还是恶，还是不善不恶？外国的教育哲学很少讨论这个问题，中国比较特别。春秋战国的时候，假设儒家以孔孟做代表，儒家讲人性是善的，人天生下来个个是善良的，思想行为受社会的污染，变坏了。我们教孩子们读《三字经》，读到"人之初，性本善，性相近，习相远"，这十二个字太深了，可以写部一百多万字有关教育的书。它说人性本来是善良的、平实的。性在哪里？就是生命的本来；而思想哪里来？人性里头来的。"性相近"，人性是近于善的，每个人都是好的人。所以孟子说，"恻隐之心，人皆有之"，人性是善良的，慈悲心本来都有，这是"性相近"。为什么人性会变坏？没有受到好的教育，"习相远"，习惯受了社会、家庭父母等种种的影响，因此离开善良的人性越来越远了，所以社会上坏的人多，善良的人少。我们自己的行为思想也是这样，坏的念头思想、情绪多了，善良清净这一面就少了。"人之初，性本善，性相近，习相远"，所以刚才提到要学习善的一面。

可是同样是儒家的荀子，他提的意见却不同。他是孔子徒孙辈的学生，跟孟子差不多同时，他认为人的天性是恶的、是自私自我的。譬如一个婴儿，当他饿了要吃的时候，只管自己要吃，如果是双胞胎，两个同时饿了就会抢着吃。因为人性本来是恶的，所以要教育，教育是为了把恶的习性改正为善良，这是教育的目的。同是儒家的哲学思想，有主性善、性恶之异，这是中国文化几千年前就有的哦！当时在西方的教育，还没有我们讨论的这样高明。

有一个与孟子同时的学者又不同了，就是在《孟子》书上提到的告子。告子说人性天生非善非恶，善恶是人为加上识别，碰到事情有了是非分别起来的。他说人性像一条毛巾一样，你想折叠成什么形状就成什么样子，所以需要教育，塑造成个好的人格。告子是主张人性不善不恶的。

第四家，墨子（墨翟），跟儒道和诸子百家都不同，他认为人性生来如白净的丝绸一样，无所谓善恶，无所谓不善不恶，同告子的说法差不多，但略有不同，看社会教育给他染成哪个颜色，就变成那个颜色。

罚或不罚　打与不打

教育是讲什么呢？教育的基本原则是改正人性，使人向善良的方面走；教育就是政治，就是法律。一个国家政府的领导人，希望全体老百姓向善，可是老百姓不上道，因此用法治，用刑罚，所以中国的教育从春秋战国周秦以前就打手心的，这个叫夏楚，不是随便打的。我们小时候是受这个教育出身的，老师坐在那里，让你背《古文观止》哪一篇，背错了三个字，在手心打三下，轻轻地处罚；如犯了大的错误，把手掌垫起来打，那就严重了。

前两天我一个老朋友杨先生来找我，他都八十几了，他说老师啊，我和您上下有五代的交情，我把儿子、孙子也带来见您的面。那天他坐在这里，听到我们谈孩子们的教育，他说教育怎么不打？要打的啊！我们就是打出身的。他的儿子都四十几了，都是喝过洋水的留学生。他当场在这里讲，他说："你问我儿子，我的儿子小的时候被我痛打，不是随便打，他做了一件大错事，我叫他趴在凳子上，裤子脱下，我气得一下找不到东西，直接用手打他屁股，打得很厉害，我手都痛了三天。"他儿子在那里笑，说："爸爸你是痛了三天，我痛了四十几年，现在还在痛呀。好在爸爸打我一顿，我改过来了，不打就改不过来。"他父子俩对笑。他说对嘛，教育有时候非打不可。

这是讲打与不打的问题。我们现在的教育是不准体罚，我可不是提倡打人哦，是讲历史故事给你们听。其实打或是不打很难说，像我带兵的时候有一度不主张打人，做错了事怎么处理？立正，站在前面，两手左右平伸，两手指头各拿一张报纸，站一个钟头，手不准挂下来，只要低下来就要挨打。你们去试试，站十分钟看看，保证要你的命。说起来我没有打人呀，但比打人还严重。

我们谈教育，讲人性善恶，都讲了，教育是改进人性，究竟应该严厉地处罚，还是只讲原谅呢？其中大有问题。我们现在这里办的是实验教育，我跟郭校长讲，我们办这个教育究竟是对还是不对？心理负担非常重。刚才讲的，都是这里宾客真实的故事。前几个礼拜，一位老朋友来，说他正接手政府一个机构的首长，因原来的首长犯了贪污罪。这个朋友同时也在做慈善工作，以及推广农村教育，他的地位不低哦。他说："我接手那一天，背了个包包，自己坐出租车去。他们还没有上班，只晓得那天有新的领导要来接手。我自己推门进到办公室，有一个职员看到我，问我干什么的啊？我也没有讲自己是什么人，只说我来报到的。那个职员态度还蛮好，说请坐吧。我就坐在那里等，也没人理我；坐了半天，我说：老兄啊，我来报到也是个客人啊，请倒杯水给我吧！那个人就起来倒水，又问我姓什么，这时他大概想到了，就赶快打电话给另一个比较重要的长官，说某某人已经到这里等你们了。我说：你不要打电话，他正在路上开车，听说我先到了，他万一紧张，出了车祸就糟糕了。"

我说："你这个毛病啊，素来作风很民主自由，很好啊。后来你上任讲些什么？"他说："我一上任就说，我晓得公司损失很大，还有很多烂账，我明天正式上班，你们有许多手头不清的、拿了钱的，赶快归还；如果来不及归还，就赶快把你手边那些钱捐给慈善机构；如果真来不及捐给慈善机构，就去捐给和尚庙子或教堂。再来不及啊，在家里后院挖个洞，深深地埋下去，但是你不要被我们挖到,挖到就对不起了。"我听了哈哈大笑,我说:"你讲得很有意思。"他说:"老师,这样好不好?"我说:"你讲得非常幽默有趣,也只能这样处理,真的一翻出来,有很多人贪污,你怎么办?只好送去法院了。"这是讲人性的问题。

教育同人性有关系,你说一个年轻人犯了错误,是原谅他,让他自我反省改正,还是处罚他呢?这是人性的大问题,至于处不处罚,或让他自我坦白反省,很难下定论,要临机变通的。总之,教育是启发引导人性往好的路上走。如说完全只用爱心、只用自动启发的方法,除非教的是圣人。

清朝有一个很有名的大案,你们在书上大概读过。有个年轻人犯罪,做土匪头抢劫,被绑到刑场。杀头以前的老规矩,做官的要问:"你还有什么话吗?"这个时候他提出来的,做官的要为他做到。他说:"我想见我的妈妈一面。"那应该,马上派人把妈妈接来,母子两个都痛哭啊。妈妈问说:"你还有什么话讲?"他说:"妈妈你很爱我,我马上要死了,要离开你了,我要求吃你最后一口奶。"他妈妈解开衣裳给他吃奶,他一口就把妈妈的奶头咬掉了。他妈妈痛得骂他,他说:"我今天的下场就是你教出来的,我从小爱偷拿人家东西,你不阻止我,还鼓励我,说我那么聪明那么乖,让我认为偷人抢人是当然的,才会落到今天的下场。"

所以,我们从事教育的人,要怎么把人性教好,是个大问题,不要轻易下结论。像诸位老师那么尽心,昼夜关照孩子,可是对教育的方法、教育的诱导,向哪一条路上走,很值得研究。我们这里是实验学校,大家有时间再讨论。

第二讲

上一次跟大家讲到,教育最高的目的,是彻底认知人性的问题,诸位老师在这里安于清淡而艰苦的生活,我很敬佩;但是反过来讲,你们也很幸福。这里什么课都有(当然是不对外的),文的武的,各种各样,你们都可以参加学习。譬如,为了你们身体健康,请王老师来教武功,练易筋经、少林拳,他可以说是很有经验的武林前辈了。我们过去学武功,要专门单独磕头拜师、行师礼、送学费的。在这里开放你们自由参加,所以说你们非常幸运。因为怕文化有断层,你们年轻不了解,特别告诉你们一下;不是要向你们邀功,是希望你们知道珍惜这个机会。

我在这里讲佛学等各种各样的课,都是各听自由,你们只要有空就可以来听,没有收费用吧!郭校长也没有强迫你们来听吧!我没想到你们真地认真听完,还自动写报告,我很感动。你们既然写了心得报告,不管好坏,我心里有个责任感,不能不看,都要批答。可是我老眼昏花,所以要人念给我听,字错了,改一改;有问题的、有要点的,打个记号,我来答复;还有些需要单独面谈,我也谈了。你们注意,这样的作为也就是教育精神,你们做老师要学习哦!活到老学到老,你看我是九十几岁的老头子了,算不定明天就死的,还这样负责任,你们对后辈的教育,也要这样负责任才对,这是对自己的良心负责,这就是做人做事。

中国几千年文化,难道没有教育家吗?有是有,可是很可怜的。在这一百年来,有人真正写出中国教育思想史、教育制度史、教育发展史等等的吗？有，但都不全面，不完整。你们有许多是学教育的，从一般师范学校教育出身，学的多数是外国教育的教学理念。外国的文化特别注重教育，形成一门独立的学问是在十六世纪以后，最多不超过四五百年。而我们中国文化是有五千年历史，就算打个折扣，也有三千年，从一开始就注重教育，过去称为教化。教化的意思，是包括政治在内。可是我们这一代的教育，不研究自己的文化，搞文化工作的不知做些什么事，这是很令人遗憾的。

今天讲中国文化的特色，大家要启发反思，自己有那么多好东西，没有去研究。所谓研究，是正式读书思考，再提出来实行，可以与西方的教育接轨做比较。

再谈人性问题

你们都是菁英分子，将来是否继续从事教育，没有关系。我上次提出教育问题是认知、人性问题，想不到诸位老师非常注意这个问题，我很高兴。因为你们真的把它当问题了。尤其是郭姮晏校长，回到台湾，把我讲的录音带放给大家听，据说"薇阁"学校的老师们听了都很震动，还说有几位校长、老师，都是老教育家，深受感动而流泪。这两天，李先生又在北京跟一些大学校长、教授们谈起，他们也要这个资料。我说这是刚起头，并不完备，因为我每天都很忙，虽然我九十多岁了，一天的工作量还比你们大得多。我昼夜在工作，假期也不例外，你们可以出去玩，我自己不能放假。过年没有休假，也没有周末假日。现在虽然老眼昏花，但仍从夜里十二点钟以后一直工作到五六点，天亮了才睡。

上次谈到教育是人性问题，我不晓得讲清楚了没有？不止教育,乃至政治、军事、经济、哲学、文化,不论哪一门学问,最后的最高点都离不开人性问题。所以,这次开"经史合参班"讨论《资治通鉴》时,也讲到人性问题,中间牵涉到中国文化几位大宗师如老子、孔子等,后来加上印度的释迦牟尼佛。关于人性问题,释迦牟尼看得最清楚,讲得最透彻。现在不是讲佛学哦,这只是引用到这个故事,不能不讲。释迦牟尼是个王子,天生要做帝王的。他生下来,父亲找来很多看相算命的,说他长大一定成佛,是万世教化众生的圣人,如果不成佛呢?会做金轮圣王。在印度文化所谓的转轮圣王,分为金银铜铁等,金轮圣王可以统治全世界,让天下太平。所以,他从小到大受宫廷特殊的教育,博通世间各种学问,文武双全,却在少年时就放弃王位出家修道,他追求的是什么?因为他自己参悟到,即使做了金轮圣王,使天下国家太平,不到三五十年,也一定变去了,这是人性的问题,因此他要出世追寻人性根本的大问题。

我们中国有几千年历史摆在那里作例子,最好的帝王政治也一样,一定会变去,变好很难,变坏太容易。为什么会如此?为什么政治、法律、道德都不能改变一个人?所以我常讲教育无用论,法治也无用,换句话政治也无用了。政治体制,每个朝代都要变动,为什么?都是人性的问题。所以,我对诸位提出来讨论,教育问题最重要的是要彻底认知人性问题。

再说性善性恶

提到人性问题,上次我已经说过,现在再说一次。儒家孔孟之学主张人性本善,"人之初,性本善,性相近,习相远",这四句话很深。换句话,人性先天是善良的,后天养成的习惯使得差别越来越大。讲到先天后天两个名词,孔子在《易经》上提到,

"形而上者谓之道",形而上是先天,西方哲学叫本体论;"形而下者谓之器",器是有形质的物理、物质现象作用,是后天的。

与性善说法相反的是荀子提出的人性本恶,他也是儒家,是孔子后辈的学生,是秦始皇的宰相李斯的老师。上次讲过,譬如双胞胎的孩子,如果肚子饿了,大家都抢先要吃。还有很多例子说明人性本来是恶的、自私的,因此后天要加以教育。

另外,告子认为人性不善也不恶,他说人性像杞柳一样随你雕琢,要圆就圆,要方就方。换句话,他这个观念是认为人性无所谓善恶,就看你怎么教育、怎么造就。注意这个逻辑问题,如果你们不细心的话,会认为告子讲人性没有善恶,那就错了。

还有一个,跟孟子差不多同时的墨子,他讲人性先天就像干净洁白的素丝,是无所谓善恶的,看你后天怎么染色,墨子认为善恶是后来加以分别的。

在两三千年前,当时我们的文化哲学已经争论过这个大问题了;可是后世尤其我们这一百多年来,已经不注意也不讨论它了。你们研究西方哲学的宗教的,譬如天主教、基督教,乃至伊斯兰教,也是讲人性本是善的。《圣经》旧约上说上帝创造了万物,也创造了人,人本来都很好,因为亚当、夏娃被蛇诱惑,吃了苹果,所以做了坏事,有了饮食男女关系。提到西方的文化,现在都拿美国来做代表,那是错误的,美国只有两三百年历史,不算的,要讲西方文化,欧洲的法国、德国、希腊,都要注意。

人性究竟是善是恶?教育是彻底认知人性问题,这个问题今天晚上暂时讲到这里为止。为什么呢?真正研究人性的善恶问题,有先天与后天的差别,这是哲学与生命科学以及认知科学的大问题。注意啊!究竟生命的根根在哪里,宇宙怎么会生出万物,怎么生出人来?这是形而上,属于哲学上探讨本体论的问题。追究起来又涉及是唯物的还是唯心的,是心物一元或非一元,很多问题，所以先把这个形而上的问题摆在那里，暂时不讨论。

人之大欲何处来

今天我们开始讨论形而下的问题。我们人从娘胎生下来，你说这个婴儿是善是恶？很难下定论。善恶是思想行为所构成的，我们现在讲政治也好，讲法律也好，讲教育也好，讲对错、善恶、好坏，都是后天教育来的，是每个人思想意识分别而生，是人们主观的判定。举例来说，"饮食男女，人之大欲存焉"，这是孔子先提出来的。不但是人，就是鸟兽之类也是如此，饿了一定要吃，上面的嘴巴要吃喝，下面的性器官会冲动发泄，这是由于性欲的关系。所以饮食男女，是人最基本的欲望。我们的大成至圣先师，承认"饮食男女，人之大欲存焉"，但他也没有说欲是善或是恶。

这个大欲怎么来的啊？孔夫子没有讲，它是唯物的还是唯心的？它是生理的还是心理的？你说饮食男女，有善有恶吗？饮食的需求与性欲的冲动，有没有是非善恶？没有。譬如一个男婴睡着时，那个生殖器翘起来，他没有性欲的观念，是生理的自然现象。又譬如我手里端的这盘梨子，它本身有是非善恶吗？没有。可是我要吃你来抢，就有善恶是非了，是不是？所以男女饮食本身没有善恶是非，善恶是非是从人为的观念欲望出来的。观念欲望是人的思想，思想与情绪不是行为，假使一盘黄金摆在这里，我视之如粪土，不想要，我没有罪嘛！如果我要把它偷来、抢来，这就犯了罪。善恶是这样来的，是不是？我们举这些例子，你就懂了很多的道理。

我们人的饮食男女欲望，最初开始是怎么来的？这要注意了，我们人生来有思想、有知性；思想的功能很大，我们普通叫它是"心",这是个代号,不是指身体功能器官的心脏。这个能思想的作用,我们的文化里有的把它叫心,有的叫意,有时候叫性。你看中国字,这个"意"字,上面一个建立的"立",下面是个太阳一样,古文是画一个圆圈,中间有一点,下面是个心字,这个"意"也是心的作用。第三个"识(識)",我们讲知识,左边"言"字旁,中间一个发音的音,右边加一戈字,言语变成声音,像武器一样可以杀人,也可以利人。我们的心、意发生内在的思想,再变成外面的行为言语,是非善恶意见来了,就是识。心意识是三个阶段。

如果你真研究这三个字的意义,什么是心?可以写二三十万字的书;什么是意,什么是识?又各为一本书了。学哲学的有知识论,现在新的观念认知论,都是翻译过来的名称。我们人怎么有思想、会知道事情?这个究竟是唯物还是唯心?是神经,还是心脏,还是细胞发生的?都是问题,一般人不做专门研究不会懂。尤其现在流行讲意识形态哦、发展哦……反正大家怎么讲就跟着那么讲,并没有用心思考。这里讲人的思想意识习惯怎么来的,如何用教育使人向善。

讲七情

再回过来讲,生下来的孩子就有思想,肚子饿了就哭,捏他痛了会哭,逗他开心也会笑。生命中的"性""情"这两个东西,中国上古文化几千年前就提出来,也就是《易经》所谓阴阳两半合拢。中国字一个字代表很多的意思,这个性字,不是本体先天的本性,是讲后天的性。性就是代表知性,能够知道一切。胎儿在娘胎几个月已经有思想,父母在外面的动作他都知道,不过记不得了。现在不是研究生命科学,暂时不谈,如果研究生命科学再告诉你们。

这个"知"是生命本有的。婴儿时会哭会闹,那个是"情",我们现在经常说,"我情绪不好",情绪不是知性哦!我们举个例子,譬如自己要发脾气的时候,知道自己要发脾气,内心也会劝自己,不发也可以啊,可是忍不住会发,这是情的作用,不是知性的作用。这个情是什么呢?几千年前,《礼记》先提出来性情。希腊、埃及、印度、中国这四大文明古国,只有中国先提出性情的问题。性是知性,情是七情,喜、怒、哀、乐、爱、恶、欲。中国后世讲七情六欲,六欲是佛学的名词,暂时不讨论,现在我们讲中国本土的文化。

七情的"喜",是属于与心脏有关的;"怒"与肝脏有关;"哀"是肺肾的关系;"乐"是高兴,同心肾都有关系;"爱",贪爱,属于脾脏的关系;我们通常讲脾胃,胃是胃,脾是脾,作用有别。"恶",讨厌,有些人的个性,看到人与物,随时有厌恶的情绪。"欲",狭义的是指对男女性的欲望;广义的是指贪欲,包括很多,求名求利,当官发财,求功名富贵,要权要势,这都是欲。

"喜",很少有人天生一副喜容,尤其是中国人。我在外国时,一个美国朋友问我:"南老师,你们中国人会不会笑?"你们听了一定跟他吵起来,中国人怎么不会笑?我一听,我说我懂了,你这个问题问得好,你们美国人的教育习惯,早上一出门,随便看到谁,哈啰!早安!都笑得很习惯。我说你不懂中国人,中国的民族不像你们的教育,譬如大人带着孩子,对面来个不相识的人,如果这个孩子说"伯伯你好",大人会说:"人都不认识,你叫个什么屁啊?"我说我们的教育是庄重的,不是熟人不敢随便叫,不敢随便笑。所以,东方人个个都像是讨债的面孔,好像别人欠我多、还我少。所以,佛学讲"慈悲喜舍",一个人每天欢欢喜喜，那是很健康的。

"怒"，你看我们很多朋友一脸怒相，任何事都看不惯；还有些人眉毛是一字眉，脾气很大。东方属木，肝也属木，东方人肝气都容易有问题，所以容易动怒。

"哀"，内向的、悲观的，什么都不喜欢，一天到晚努个嘴，头低下来，肩膀缩拢来，看人都是这样畏缩。现在说的自闭症、忧郁症、躁郁症啊，都与生理上的肺、肾有关的。

"乐"，有些人是乐观的，我们这里有一个朋友，我叫他外号"大声公"，笑起来声音大，外面都听得到，他就是乐观的人，胸襟比较开朗，这和心气关系密切。

这个"爱"字呢？中文所讲的爱有贪的意思，贪是对什么都喜欢；有人喜欢文学，有人喜欢艺术，有人喜欢打拳练武功，有人喜欢偷钱，有人喜欢散财，各人喜爱不同，这个爱字包含就很大了，东方称贪取叫"爱"。现在西方文化讲爱的教育，是由耶稣的"博爱"一词来的，那就是中国儒家所讲的仁，佛家叫慈悲，我们普通叫宽恕。儒家孔孟关于做人有两句很重要的话，"严以律己，宽以待人"，这是教育，严格地反省、检讨自己的过错，宽厚对待别人、包容别人、照应别人。这是讲到爱，顺便讲到有关教育的一点。

"恶"，恶的心理就是讨厌，有人个性生来就有讨厌的心理成分，所以随时自己要反省，"喂！老乡啊，这里有个东西我们一起去看看。""你去吧，我讨厌。"会不会这样？讨厌是一种情绪。善恶的恶字读"俄"；厌恶、可恶这个恶字念"勿"，去声，现在叫作第四声，古文在右边上方打个圈圈。

"欲"，刚才提过了，是属情的方面，生命一生下来，婴儿小孩就有。如果碰到好的教育家，好的老师，一望而知，可以看出孩子的性向应该走哪一条路，学什么比较好。

你们教育孩子，要想了解他的健康，就要认识这七情，这是一般心理情绪的状况。

刚才提到性情两个字，现在只讲到"情"，"性"还没有提。性在后天是"知性"，那内容就很多了，今天把"情"这一段先提一下，还不是结论哦，我先交待，将来有机会再继续，做详细的讨论。

我讲这些，是引起你们从事教育的人的注意，同时配合古今中外有关教育的知识，好好研究。现在我们只是站在教育立场上讲，实际上，整个政治的大方向，做人做事都在内，都要特别注意。好了，谢谢大家！

（整理：牟炼）

七

对学校教师第二次讲话

二〇一〇年八月廿七日

（郭校长介绍学校教职员）

郭校长下午就吩咐我了，要我跟诸位老师讲几句话，我说好啊，当时就答应了，现在我不晓得要讲什么。

诸位老师好像有一半是新来的，一半是原来的老师。我想讲什么呢？我有一个感想，我们办这个学校，开始是从台湾李传洪董事长办的薇阁学校影响过来的。再经由郭校长的提倡，侯老师的努力也是功不可没。

那么这个学校啊，大家晓得是太湖大学堂内部办的，法定的名称叫作"吴江太湖国际实验学校"。请大家注意一下，是个实验学校，实验一个新的教育经验，想拿这个学校，做到一个新的教育理想，所以叫作实验学校，这一点大家应该有一个了解和认识。

"学成文武艺"的目的

我们要实验什么呢？我今年九十多岁了，从推翻清朝到明年整整一百年，这一百年间，中国的变化太大了。文化、教育、政治、经济、商业、工业，每一样都在变化，教育的变化更大。像我从小是受家塾的教育，我常常告诉大家，我们中国从周朝开始，汉唐宋元明，一直到清朝这个帝王制度的三千多年期间，政府没有出过钱办教育的。我们以前的教育是民间自己把自己孩子教好，读书不是为了做官，不是为了发财；学武功、学武艺也是同读书一样，不是为了做将军，是为自己高兴。文武两头都是这样,不是政府出钱培养。

民间把子弟们教好了,学文的也好,学武的也好,都卖给政府。怎么卖?过去帝制的政府有两个本钱,功名和官位。功名三年一考,愿意做官的自己来报名,不愿意做官的就不来。有人一辈子学问武功都第一流,但不肯做官,也不求功名,这在过去历史上并不少,不像现在。过去政府用功名来钓民间的知识分子,这叫考取功名。功名有三级,秀才、举人、进士。三级功名里,进士最高。考取了进士,还要经过殿试,皇帝亲自把这些进士找来考一下,殿试的第一名叫状元,第二名叫榜眼,第三名叫探花,很光荣了,自称是天子门生,皇帝的学生,那威风大了。但是没有什么了不起,这还只是功名,能不能出来做官又是另外一件事。所以,功名跟做官是分开的,古代的制度清楚得很。

《朱子治家格言》中有两句话,你们诸位读过没有?我们从小记得,一句是"读书志在圣贤",读书的目的是想做圣人,自己的学问修养超凡入圣,不是普通人。不像现在,大学毕业就想找个工作,求很好的待遇,不尽然的!另外一句是"为官心存君国",万一考取了功名出来做官呢?这个人不属于自己了,已经属于国家,出来做官是为了报效国家,为老百姓做事。做到该退休的年龄,就告老还乡,还是回到乡下去做个老百姓。中国传统的教育是这个目的,我们从小是这样受教育的。

教育无用论

民国以来引进外国的教育制度,办小学、办初中、办高中、办大学,什么师范大学,各种各样,都是西方来的。政府花了那么多的教育经费,变成现在这样,不晓得教育出来什么人?好像没有教育出来什么人。

譬如，中国最有名的北京大学，是推翻清朝以后的第一所大学，当时全国只有这一所。我们小的时候都想读北大，但我没有资格。怎么说没有资格？没有钱。我是浙江海边人，对面就是台湾，那是很偏僻的地方，是很落伍的农村出身。你要想读北大，你家里有多少钱啊？刚才有同学告诉我，现在的教育，一个农村的孩子只要读了大学，就变成"脱富致贫"，有钱的家庭就穷了，给这个孩子读书读穷了，读不起啊！现在还是这样，听起来很悲哀的。以大陆来讲，现在一个农村家庭，两夫妻很辛苦地供养孩子读书，孩子读了书以后，从中学到读完大学，再也没有回去过这个农村里头。像我就是一个，我十几岁离家，只在十年后回去过一年，到现在没有再回过家里。我不算个人才也算个烂才啊，但是对家乡、对家庭都没有贡献。

但现在不管发财的也好、做官的也好，上台做事的大多数都不是名校出来的学生，这是一个教育大问题了。

我是受旧教育出身，然后跟着受新的学堂教育，也受过军事教育，还受过武术的训练。我专门学武功两三年，那很浪费时间，学出来做什么？学武功出来可以做总教官、教练。可是我的目的呢？是兴趣，我不在乎能不能出去教人家练拳、打拳，我不管那一套，我有兴趣啊，学会了再说。我学军事，带过兵也教过兵；我也做过官，文的武的都有；我在大学听过课，也去上过研究所。我这一辈子可说所有的教育都受过了，我个人的结论下来清清楚楚，教育无用论，教育是教不好一个人的。以我的经验，人不是学校教育能够改变得了的。一个了不起的孩子啊，就算你不给他读书，把他按在泥巴里头，他都会站起来，成为一个有用的人；站不起来的孩子，无论你怎么培养、怎么教育，也只能成为一个平庸的人。所以，我几十年来总结的是教育无用论。

我现在家里是子孙满堂，四代人了，孙子来看我，我说孩子啊,不要读书啊,认得字、会写信就好了,学个专长。读书没有用,读到跟爷爷一样有什么用?对不起国家,对不起社会,对不起家庭,对不起自己。我是这个理论。你看历史上这些名人,真对社会国家有贡献,不一定是受这个教育出来的。我尤其反对现在教育,书包背那么重,孩子好多是近视眼的;父母更错误,把自己做不到的理想放到孩子身上,希望孩子做到。现在叫孩子读书,第一个是为了面子,大家都读书,家里孩子没有读书,怕人家看不起。第二个,自己没有发财,希望将来孩子发财;自己没有做官,希望孩子读出来能做官。如此害了自己,也害了孩子。所以我更体认到教育无用论。

另外,我也做过大学教授,也都教过博士、硕士,我告诉他们,你博士也只是一个学位,学位我会给你,但学问是一辈子的事,活到老学到老,你们做不到的。

实验学校的宗旨

因为不同意现在教育的方式,我们办了这一个学校。不能说反对,反对也没有用。做什么实验呢?想把中国的文化跟西方文化接起来,结合中西;还有把古代传统的文化学问跟现在的接起来,结合古今。中国文化的特色是什么啊?要拿出来古今中外四个方向的文化,结合在一起。而且我们采用古时候书院的方式,既自由又严肃、既轻松又严谨地把孩子们教好,让他们什么都懂,尤其注重生活、礼仪的行为教育,还要注重职业教育。

你看你们都读书出身的,除了会读书教书以外,对不起,我讲一句真话,你们还有什么本事可以吃饭?没有!肩不能挑,手不能提,水管坏了也不会修。受现在的教育,都很可怜。我们想要真做到职业的教育、对孩子生活的教育,想走这个路线,所以把这里叫作实验学校,希望诸位老师先懂这个宗旨,这是第一点。

郭校长她十二岁跟我出国到现在,为了办这个学校,受我思想的影响很大。跟你们讲老实话,开始办学校的时候,她都哭了,跟我来谈,问我办不好怎么办啊?我说孩子啊,不要哭,办不好就不办了嘛,我们自己出钱,自己有地方,自己定目标,谁也没有叫我们办,要办就办,不办就收了,天下事空的嘛!她听我这样讲就笑了,说:"我懂了,我来办。"办到现在两三年了,她很忙碌,这样改那样改,这样想那样想,现在实验到什么程度还不知道,还在实验当中。教育的方式一直在改变,改变是为求适应这个时代,想创造一个模式给大家看一看。我们这里办到现在,大家都在看着我们,我们也在看着大家;所以虽然我们有自己教育的方法,但对外面应该考试的功课都要留意,孩子们需要适应这个社会嘛!这也是我们教育的目的。

诸位在这里放轻松愉快,我把时间耽搁太久了,就少讲一点。

活到老　做到老　学到老

第二点,诸位在这里做老师的,你们都很年轻,注意哦!你们虽然读了书、当老师,学问并不见得就真的好哦!这话只有我有资格讲,我也没有别的资格,就是年纪比你们大,有资格可以批评你们。你们不管二十岁也好,三十岁也好,到六十岁还要要求进步,活到老,做到老,学到老。像我现在九十几岁,眼睛花了,也还天天求学。眼睛花了,我就借用别人的眼睛,譬如身边同学,我说你来。"老师什么事啊?""借用你的眼睛,你读给我听。"我自己最近眼睛老花,还没有恢复,看不清楚,看你们都是个影子,你们的面孔我看起来都是模糊的。但我还在求学,至死方休，到最后一口气没有了，才不再求学，这就是活到老、做到老、学到老。所以也希望你们要进修读书。

在中国文化方面，我想你们的底子也不一定扎实的，这还是客气话。你们可以趁着在这里教书时，专读一本书，《幼学琼林》，而且要读下面的小字。这一本书全部读完，你们的国文就有扎实的基础了。我这不是规定或要求你们啊，大家应该自己努力。

除了《幼学琼林》，第二个你们读什么？讲外国文化的书，譬如说希腊的文明、埃及的文明、印度的文明、英国的文明等。前几年有这一套书，赶快叫同学从香港买几套摆在学校，你们分别借阅，随时知道世界知识。万一你们出去留学，今天要研究英国问题，就抽英国的来看，都翻译好的，这一套书很好。当然还有更深的，这里先不讲了。

你们在这里半年或一年，还可练武功进修，我们这里的王老师是少林寺的老前辈，请他来教大家练武，锻炼身体。你看我九十多岁，你还没有我这个精神，没有我这个身体，这样是不能做事的，你们的身体都有问题。所以让你们每天打拳不是打着玩的，是锻炼身体。王老师已经是五六十岁的人了，你看他精神多好，身体多好！一分精神一分事业，没有健康的身体就没有精神，更别谈学问了，这都要注意。

我今天讲话贡献大家两点：一是知道实验学校在实验个什么东西，不是空话；二是勉励大家多学习。现在外面千万只眼睛在看着我们这个学校，看你搞些什么，看南老头跟郭校长你们这几个人，能搞些什么东西出来。

一个孩子的来信

主要的两点讲完了，再附带一点告诉你们，有个孩子写来一封信，我叫秘书室代我答复了。

之前有一个孩子十三岁，他参加了几次这里办的夏令营。我二十几年前提倡读经运动，中英数三个一起来；李老师带着郭校长走遍了全国，从落后地区开始提倡，由郭校长编出儿童读经的书。所以从很早以前，这个孩子他们家里都读我的书。有一次他特别写了一封信给我。侯老师你们还记得吧？那天晚上把一百多个小孩统统惊动了，这个老头子怎么对他那么重视啊？他会作诗，文章也不错，他说以后要做医生，我就抽出中医最重要的书要他读，说孩子你尽管去吧，但是我们不一定希望你做什么。另有一个参加夏令营的孩子，也曾给我来一封信，问到教育的问题。

他说现在的人们忙忙碌碌，却不知道自己在忙些什么，自己的终点又是什么。学生们没有真正的梦想，大人们则为那些无谓的名利所困，请问在这样一个混乱的社会中，如何保持自己内心的一份清净而不被外物所干扰？很多人都说是由于快速发展的经济和科技导致的，不知您对西方文化、科技等的看法是怎么样的。最后他又问：人一生最应该拥有和放弃些什么呢？

诸位都听到了，这个孩子写这一封信，他所有问题也都是大学校长、教授们要问的，就是这个国家教育制度的大问题，我看也是我们现在实验学校的问题。

我有两篇东西，是这几年给欧美同学会讲的，正好是对这些问题的答复。你们过去老师们也听过，但都没有印象了。我正要把这些文字印出来，给大家作一个参考，同时也回答了很多人的问题。

注意腰的力量

最后为大家补充一下，你们练习打拳，我差不多每天都到场。王老师教得非常好，帮忙在教的，也教得都对。但是，你们离中国练拳的武艺还差远了，（师起立做示范）这个手、眼、身、法、步连成一气很重要。譬如伏地挺身，这是我们练武时的基本动作。你们几位女性，把两手两脚趴在地上，结果光是屁股在伏地挺身，不对的。伏地挺身是靠两手两脚，全身其他部位不用力，把身体挺得很直。生命的重点在腰，所以人老了是这样（师做驼背状）。把腰力、身体练好就行了，像我这样扎一个马步，转过来就是弓箭步，只有十五度，看到吧？这样转，腰力很重要。

你们没有看过，假使找两个人把我打横抬起来，一个人抬我的头，另一个人抬脚，我的身体还是直的；抬起来，我还可以讲话，这个是腰的力量，可是腰不要用力，就是教你们懂这个窍门。你们普通人把头一提，脚一提，屁股就堕下了，身体弯起来了，对不对？所以我叫你们看我一下，就懂了。但他们不让我示范，怕一抬我这个老顽童，万一出了问题，后果严重，算不定明天就办丧事了。我就是把这个道理告诉你们，好好去练习。好，今天我讲完了。

（整理：牟炼）

南怀瑾先生著述目录

1. 禅海蠡测 （一九五五）
2. 楞严大义今释 （一九六〇）
3. 楞伽大义今释 （一九六五）
4. 禅与道概论 （一九六八）
5. 维摩精舍丛书 （一九七〇）
6. 静坐修道与长生不老 （一九七三）
7. 禅话 （一九七三）
8. 习禅录影 （一九七六）
9. 论语别裁（上） （一九七六）
10. 论语别裁（下） （一九七六）
11. 新旧的一代 （一九七七）
12. 定慧初修 （一九八三）
13. 金粟轩诗词楹联诗话合编 （一九八四）
14. 孟子旁通 （一九八四）
15. 历史的经验 （一九八五）
16. 道家密宗与东方神秘学 （一九八五）
17. 习禅散记 （一九八六）
18. 中国文化泛言（原名"序集"） （一九八六）
19. 一个学佛者的基本信念 （一九八六）
20. 禅观正脉研究 （一九八六）

21. 老子他说　（一九八七）

22. 易经杂说　（一九八七）

23. 中国佛教发展史略述　（一九八七）

24. 中国道教发展史略述　（一九八七）

25. 金粟轩纪年诗初集　（一九八七）

26. 如何修证佛法　（一九八九）

27. 易经系传别讲（上传）　（一九九一）

28. 易经系传别讲（下传）　（一九九一）

29. 圆觉经略说　（一九九二）

30. 金刚经说什么　（一九九二）

31. 药师经的济世观　（一九九五）

32. 原本大学微言（上）　（一九九八）

33. 原本大学微言（下）　（一九九八）

34. 现代学佛者修证对话（上）　（二〇〇三）

35. 现代学佛者修证对话（下）　（二〇〇四）

36. 花雨满天　维摩说法（上下册）　（二〇〇五）

37. 庄子諵譁（上下册）　（二〇〇六）

38. 南怀瑾与彼得·圣吉　（二〇〇六）

39. 南怀瑾讲演录二〇〇四—二〇〇六　（二〇〇七）

40. 与国际跨领域领导人谈话　（二〇〇七）

41. 人生的起点和终站　（二〇〇七）

42. 答问青壮年参禅者　（二〇〇七）

43. 小言黄帝内经与生命科学　（二〇〇八）

44. 禅与生命的认知初讲　（二〇〇八）

45. 漫谈中国文化　（二〇〇八）

46. 我说参同契（上册）　（二〇〇九）

47. 我说参同契（中册）　（二〇〇九）

48. 我说参同契（下册）　（二〇〇九）

49. 老子他说续集　（二〇〇九）

50. 列子臆说（上册）　（二〇一〇）

51. 列子臆说（中册）　（二〇一〇）

52. 列子臆说（下册）　（二〇一〇）

53. 孟子与公孙丑　（二〇一一）

54. 瑜伽师地论　声闻地讲录（上册）　（二〇一二）

55. 瑜伽师地论　声闻地讲录（下册）　（二〇一二）

56. 廿一世纪初的前言后语（上册）　（二〇一二）

57. 廿一世纪初的前言后语（下册）　（二〇一二）

58. 孟子与离娄　（二〇一二）

59. 孟子与万章　（二〇一二）

60. 宗镜录略讲（卷一至五）　（二〇一三至二〇一五）

61. 南怀瑾禅学讲座（上）　（二〇一七）

62. 南怀瑾禅学讲座（下）　（二〇一七）

打开微信，扫码看南怀瑾著作电子书

《金刚经说什么》电子书

《老子他说》电子书

购买南怀瑾先生纸质图书，请打开淘宝，扫码登陆复旦大学出版社天猫旗舰店

打开微信，扫码听南怀瑾著作有声书

《论语别裁》有声书

《易经杂说》有声书

购买南怀瑾先生纸质图书，请打开淘宝，扫码登陆
复旦大学出版社天猫旗舰店

打开微信,扫码观看
《复旦大学出版社南怀瑾著作出版纪程》视频

打开微信,扫码观看
南怀瑾先生授课原声视频

图书在版编目(CIP)数据

廿一世纪初的前言后语. 上/南怀瑾著述. —上海：复旦大学出版社，2019.2(2024.11 重印)
ISBN 978-7-309-13937-2

Ⅰ.①廿... Ⅱ.①南... Ⅲ.①教育-研究-中国 Ⅳ.①G52

中国版本图书馆 CIP 数据核字(2018)第 213861 号

廿一世纪初的前言后语（上册）
南怀瑾　著述
出品人　严　峰
责任编辑/邵　丹

复旦大学出版社有限公司出版发行
上海市国权路 579 号　邮编：200433
网址：fupnet@fudanpress.com　　http://www.fudanpress.com
门市零售：86-21-65102580　　团体订购：86-21-65104505
出版部电话：86-21-65642845
江苏句容市排印厂

开本 787 毫米×960 毫米　1/16　印张 12　字数 138 千字
2019 年 2 月第 1 版
2024 年 11 月第 1 版第 4 次印刷

ISBN 978-7-309-13937-2/G·1897
定价：25.00 元

如有印装质量问题，请向复旦大学出版社有限公司出版部调换。
版权所有　　侵权必究